管理者财务思维一本通

汤婧平 著

从了解企业到掌控企业

ZHEJIANG UNIVERSITY PRESS
浙江大学出版社

图书在版编目（CIP）数据

管理者财务思维一本通：从了解企业到掌控企业 / 汤婧平著. -- 杭州 : 浙江大学出版社，2022.8
ISBN 978-7-308-22768-1

Ⅰ．①管… Ⅱ．①汤… Ⅲ．①企业管理－财务管理 Ⅳ．①F275

中国版本图书馆CIP数据核字(2022)第106600号

管理者财务思维一本通：从了解企业到掌控企业
汤婧平　著

责任编辑	顾　翔	
责任校对	张一驰	
封面设计	VIOLET	
出版发行	浙江大学出版社	
	（杭州市天目山路148号　　邮政编码　310007）	
	（网址：http://www.zjupress.com）	
排　　版	杭州林智广告有限公司	
印　　刷	杭州钱江彩色印务有限公司	
开　　本	710mm×1000mm 1/16	
印　　张	14.5	
字　　数	171千	
版 印 次	2022年8月第1版　2022年8月第1次印刷	
书　　号	ISBN 978-7-308-22768-1	
定　　价	58.00元	

前

言

学得会、用得上的财务课

　　很多企业的管理者都不是很重视财务，他们都比较重视业务．因为业务做得不好是很容易显现出来的，但财务的问题却没那么容易暴露出来。可是财务一旦出事，就是个大事，可能真的"辛辛苦苦几十年，一夜回到解放前"。前段时间，我的一个学生和我说："老师，我接了我们家的企业。作为一个'二代'，我也不容易，对于财务我真是一窍不通，我之前读的一些财务书都过于专业了。您帮我推荐一些书吧，好让我对财务能够了解一点。"于是我想了想，就给那些不懂财务的人写了一本书，让你无论是不是读财务专业的，都能学得会、用得上书中的知识。

在这本书里，我一共设置了六章。

第一章是你要学会和掌握的财务管理的要点。如果你要做决策，可你一点基础都没有，那你做的决策一定是失败的。

第二章是读懂三张财务报表。因为企业存在的问题，我们完全可以从报表当中看出来，我在这里将会教给大家怎么看出企业存在的问题。

第三章是学会设计企业的财务战略。因为一个企业能够活多久，其实是可以设计出来的，企业的财务结构就决定了这个企业可以活多久。

第四章是做好全面预算管理。因为企业一旦走上规模化运营，就像一辆车在高速公路上飞驰一样，如果你没有很强的掌控能力，那么一定会出事。

第五章是控制企业的成本费用。现在是一个竞争白热化的时代，经营越来越艰难、利润越来越薄，你只有持续有效地降低成本，才能拥有更强的竞争实力。

第六章是建立内控与风险管理体系。大家要知道，历史上存续千年的机构只有宗教和学校，而没有企业。一个企业能够活过几十年，其实已经是非常不容易的事情了，而能够活过一百年的企业寥寥无几。我们的企业必须做好内控，建立完善的风险管理体系，才可以抵御风险，多活几年。

我这本书的特点就是简单实用，内容都是干货，我希望大家阅读后能够多思考、多运用。记住一个逻辑，什么东西都在于用，只有被使用，这个东西才有价值。

目　录

01　管理者不能不懂的财务管理精要

02　从三大报表看透企业真相

03 做好企业发展规划的关键

04 全面预算管理全流程详解

05 控制成本推动利润最大化

06 减小风险从内控入手

01

管理者不能不懂的财务管理精要

如何设定财务管理目标？

这一节我来讲一下，如何设定财务管理目标。

其实企业的财务管理就是干三件事情：第一件事情是投资；第二件事情是经营；第三件事情是筹资。

对于投资来讲，投资是需要资本的，而资本不仅仅是钱。前段时间，樊登老师说，他不知道创业需要钱。其实他的说法有些片面。为什么？因为他是基于自己的项目的逻辑提出了这样一个理念，可如果你要搞一个制造型企业呢？你搞一个工厂能不需要钱吗？他搞的是什么？是读书会，而且钱都是预收上来的，他当然不需要钱了。所以我们做经营管理，一定要全面系统地去看待一个问题。那么在投资的环节当中，我们要学会算账，假如我的资本成本要求的回报率是 10%，但我项目的回报率只有 8%，我干这个项目就亏了两个点，这事就没必要干了。所以投资的时候一定要算一下你的资本成本。

那么投资了以后我们就要搞经营了，如果你经营得不好，可能你投的钱会血本无归。那么经营最主要的环节是什么？找对人。因为一个好的企业在一个烂的人手里很可能会倒闭，一个不好的企业在一个好的人手里很可能会起死回生，所以找对管理者是对经营管理来说至关重要的事情，这个人会搭建一个好的团队，让企业经营下去。

最后一个环节就是筹资。我们知道在经营的过程当中，我们可能会缺钱，这钱从哪来？你要想办法筹，如果你经营有盈余了，你就可能再继续投资。但是在筹资的过程当中，我们要记住一个逻辑，就是不是谁的钱都能拿，拿钱是有成本的，你要算算你还得起还是还不起，你要知道你将来用什么样的方式去偿还。多数的企业家都是乐观的，觉得市场会永远好下去，但一旦市场不好的时候你怎么办？这个才是最重要的。

在我们项目运营的过程当中，有一个目标非常重要，那就是如何平衡各方的利益关系。因为从政府的角度去看一个企业，从投资者的角度去看一个企业，从债权人的角度去看一个企业，以及从员工的角度去看一个企业，那是完全不同的。

比如说，以前有一家特别知名的企业——我在这里就不点名了——非要从当地搬走，当地政府不同意，千方百计地阻挠，到最后这个企业也没有搬成。这就是从政府的角度考虑一家企业的价值，三点：第一是你缴税的金额；第二是你解决的社会就业问题；第三是是否会对环境造成污染。其中前两项是主要的经济指标。

那么投资者的角度就不一样了，那就是如何能千方百计地赚钱。

债权人不太一样，债权人想的是，我借钱给你，你能不能按时还本付息。

从员工的角度看呢？我来给你打工，我是想从你这里挣到吃饭的钱，最好能够让我少干活、多拿钱。

所以一个优秀的管理者是能平衡各方利益的人。我们都说华为这些年做得特别好，华为把各方的利益都平衡得很好。从政府的角度来讲，人家缴了很多税；从投资者的角度来讲，华为年年利润丰厚；从债权人的角度来讲，华为借了钱都能还上；从员工的角度来讲，你再也找不到比这更赚钱的地方了。所以华为就成了一个特别牛的企业。这就是我们的第一个目标，平衡企业的各种利益关系。

第二个目标是学会设计企业的未来。我们要知道，未来其实是可以设计出来的。比如说，你辛辛苦苦搞一个企业，把它做大做强，变成行业当中的老大，然后把别人都给收购了，这就是一个目标。但这样的目标要求你的管理团队和资金实力都特别强，否则你还没把别人吃掉，可能先把自己撑死了。撑死的企业很多，比如说海航。又比如说，你也可以设定这样一个目标——我可以不用搞那么大，我做小做精，以后卖个好价钱，我就养老去了。再比如说，你还可以设定这样一个目标，就是说我舍不得卖，我也没有能力去吞别人，我就把企业当成自己的孩子一样养着，以后交给二代。所以有一件事情决定了如何设计企业的未来，那就是你到底想要什么。其实从某种意义上讲，你想要什么并不完全重要。为什么？因为你有没有能力去得到这个才是最重要的，否则的话那就是梦幻泡影。

好，我在这里对本节的内容做一个简单的总结，没有目标的企业是无法控制未来的企业，没有目标的人是无法控制自己人生的人。

下一节我来讲一下如何看懂会计的账。对于账，我们可以不会做，但一定要会看。

如何看懂会计的账？

这一节我给大家讲一下，如何看懂会计的账。你想看懂会计的账，必须先研究会计记账的逻辑。

我们现在记账基本上采用权责发生制，资产负债表和利润表就是按照权责发生制做出来的。那么什么叫权责发生制？就是权利义务责任产生的时候就确认的一种制度。举个简单的例子，比如说，我销售了一批商品，金额一共是 100 万元，可是我没有收到钱，我只是把货给发了、开了发票。那么按照权责发生制的记账原理，只要你货发了、发票开了，只要你符合会计收入确认的规则，那你就应该确认收入了，这和你实际上收没收钱没关系。

那么与此对应的叫收付实现制。什么叫收付实现制？就是我收到钱、付了钱，我所有的收付都实现了，我才开始记账的制度。现金流量表就是按照收付实现制做出来的。

所以大家来看，只要我们现在的记账逻辑一改，账就面目全非。

下面我就给大家说一说简单的记账逻辑。其实我们会计做账就有点像金庸小说的一个招式，即乾坤大挪移。

举一个简单的例子。有人给我投资了 2000 万元，那么会计记账的时候怎么记这 2000 万元呢？一定是我的银行存款增加了 2000 万元，会计科目叫货币资金；同时，我的所有者权益 ① 也增加了 2000 万元，这是我的实收资本 ②。你看一个资产增加，一个所有者权益增加，平衡了吧？那么在经营的过程当中，我拿了 1000 万元的现金——也就是银行存款，买了 1000 万元的商品，这个时候我们会发现，我的银行存款减少了 1000 万元，我的库存商品增加了 1000 万元。体现在资产负债表里边就是，我的存货增加了 1000 万元，这 1000 万元就是从货币资金挪到了存货上的。如果我把这 1000 万元的商品以 1200 万元的价格卖掉，我中间就赚了 200 万元，形成了 200 万元的毛利，我的利润表当中就有数据了。但如果我将这 1000 万元的商品以 800 万元的金额卖掉，我就亏了 200 万元，我的资产也就减少了

---

① 所有者权益又叫股东权益，一般来说，有限责任公司习惯叫所有者权益，股份有限公司习惯叫股东权益。本书一般会采用所有者权益，涉及股份有限公司时采用股东权益。

② 一般来说，实收资本，股份有限公司习惯叫股本，而有限责任公司习惯叫实收资本。股本和实收资本的内涵是一致的，因为在中国，股本必须等于实缴到位的注册资本。本书一般会采用实收资本，涉及股份有限公司时会使用对应的股本概念。

200 万元。

所以财务做账是按这个逻辑做的，账永远是后进制的，也是说要等所有的业务发生了以后财务才会知道。所以你要想解决财务的问题，就必须先解决业务的问题。如果业务上的问题你没有理清楚，到财务这块就是一笔糊涂账，再厉害的会计也做不明白。但也有一些会计明明很清楚业务的情况，因为自己能力不足，就把账搞得很乱，这种情况很多。所以我们想做好财务管理，还必须选好财务人员。

比如说，什么样的人适合做出纳呢？因为出纳天天管钱，所以如果你经营的是一个家族企业，你用你的亲戚做出纳反而是很危险的。为什么？因为即使他把钱拿走了，你可能也拉不下脸面送他进去。但如果出纳是你招聘来的，你把他的背景审得干净一点，他如果真的敢拿钱走，你就可以把他送进去。所以干出纳的这个人，他和他的家里人绝对不能有不良的嗜好，比如说喜欢赌博。也不能是有特别重的经济负担的人，为什么？因为一旦经济压力大了，他就有可能铤而走险去拿公司的钱。所以出纳的人选很重要。以前有一家企业的出纳拿走公司几千万元，老板最后还是没敢把她送进去，因为这个出纳是老板的小姨子。所以有的时候，公事是公事，私事是私事，一定要公私分明。

又比如说，什么人适合做会计？比较踏实的人。因为会计的工作是比较枯燥的，整天对着单子，所以做会计的人需要比较踏实，能够坐得住板凳。但同时，对会计还得有一个要求就是，要多了解一下业务。如果会计不懂业务，他的账很可能做错了，你之后做的报表分析的结果很可能也是错的，所以会计得懂业务。

那么会计主管适合什么样的人来做？小的企业的会计主管，其实就相当于财务经理和财务总监了，所以干会计主管的人，需要多少有一些承担能力、沟通能力和协调能力。那么做到财务经理和财务总监级别的人，不只需要专业知识，还需要丰富的知识储备、开阔的眼界。做到顶级的财务总监还需要有丰富的人脉关系。无论选什么样的人做会计主管，记住一点，他的人品才是至关重要的。如果他的人品不好，能力越强就越能祸害企业。

会计记账还有一个关键的规则是什么呢？就是我只认单子不认人。所以做假账得先从造假单子开始。很多企业搞假账就是造了一堆假的单据，因为没有单子会计没办法做账，所以如果原始单据有问题，你就会发现，你的账永远都不准。

我在这里对本节的内容做一个简单的总结。作为一个管理者，我们要懂点会计做账的原理，别被蒙。会计记账最关键的就是记账规则和原始单据，我们要找一个负责任的会计主管，这个财务会计主管最好还要跟公司董事长志同道合，两个人合不到一起，天天闹别扭，最后账也一样乱。

下一节我来讲对外三张报表、对内管理报表，叫"一套账、两份表"。

对外三张报表，对内管理报表

这一节我来讲一下所谓的"一套账、两份表"。

企业一定不要做两套账。为什么？因为做两套账是违法的。但你可以做两份表，一份是对外的三张报表——资产负债表、利润表和现金流量表，基本上每个企业的这三张表都长得一样。为什么这三张表都长得一样？这是为了我们在管理和统计分析数据时口径统一。就好比我们充电器的接口，如果每个厂家生产的接口全都不一样，那最后不就乱套了吗？我们对外的三张报表，是给外部的人分析用的，好让外部的人做一下对比。可是对内的管理报表，每个企业的其实都不一样，但每个企业都必须做，这是为了实现我们的管理目标而做的。

举一个简单的例子，有一次我去给企业上课，有一个企业家跟我说：

"汤老师，我能不能就做对外的三张报表，我内部的管理报表就不搞了。"我觉得这是真懒。为什么？对外的三张报表对有些东西披露得不是很详细，但你做管理一定要很细致，你要针对看到的每个问题进行特别处理。

比如说应收账款，对外的三张报表针对应收账款这一项只披露了一个总额，可是你要具体知道的信息很多：谁欠你多少钱？已经多长时间了？都是谁在负责的？到底能不能收回来？你没有内部的管理报表作为支撑，那你管理的方向在哪里呢？你不就只看了一个数字，然后天天丢钱，也不知道在哪里丢的吗？所以管理不能懒。

下面我就给大家介绍一下，通常的企业内部管理报表都包括哪些内容。

第一个是现金日报，这个项目必须有。你要知道：企业每天进账多少钱、每天花多少钱；近一周之内有多少钱进来、有多少钱需要花出去；再远一点，这一个月有多少钱进来、有多少钱出去；时间再宽泛一点，这一年大约有多少钱进来、多少钱出去……只有这样，你才能知道自己到底有没有亏空。所以作为一个管理者，你每天进办公室的第一件事情，就是先看看账上的钱，这是基础的管理目标之一。

第二个是生产日报。如果你经营的是一个生产型的企业，你要知道：你每天生产多少产品、进度情况如何、是不是按照既定生产计划在生产；会不会产量过剩，你根本卖不出去那么多产品；又或者你生产得太慢，完不成既定合同，最后还要赔钱；产品质量如何……所以生产日报必须做。

第三个是采购日报。做采购日报要依据我们的采购计划，你要知道你每天进了多少东西。曾经有一家企业是这样的，虚构采购计划、虚构采购合同、虚构采购发票，最后掏了很多钱出去。所以如果你当初有完善的采购计划和盘点制度（采购日报），你根本不至于丢钱；如果没有，你就得天天盯着才不会出事。

第四个是存货日报。企业的存货其实是很容易被我们所忽视的，我们觉得放在那里就没事了。其实不是，存货都是钱，是由实实在在的钱变成的，如果它不能变成钱，最后全都是你的亏损。举一个简单的例子，你有1000万元的存货没卖出去，那你销售净利率要是10%的话，就等于即使卖出了1亿元，也都白卖了，所以存货管理非常重要。

第五个就是销售日报。销售日报是多数管理者都会盯着的，因为销售是最直接的变现行为。每天卖了多少？累计卖了多少？这些都是必须知道的信息。销售日报最好分产品、分区域、分子公司来进行单独罗列。如果你公司的ERP（企业资源计划）系统好一点，那你还能做出单品的销售情况预测。这个非常重要，方便你做下一步的决策。但是这不是决策唯一的影响因素，如果你的一个赔钱的产品卖得非常火，而你成本又没算对，那你卖得越多，赔得就越多。所以看销售日报的时候，你一定要盯着你的毛利，而且你要保证你的毛利算得准。

这是对内管理报表五个主要的内容。

再具体一点，对内管理报表还包括应收账款日报、应付账款日报。为什么？你要知道，你有多少钱可以进账是吧？你的企业收的不是现金，应收账款解决了你的生存问题，要不回来你就得亏损、就活不下去。应付账款是你实实在在要付出去的，你不付人家就给你断料，那你所有的生产就停了。

如果你要做的是工程项目，还要做一个工程进度日报。为什么？比如说，针对一个项目，我做的预算是 3000 万元，但最后发现没 6000 万元这个项目根本做不下来，因为在项目的进行过程当中有很多不可控的因素，所以最后项目的进度被拖慢了。所以记住，工程的进度将决定我们后期能不能真正挣到钱。如果项目拖得太久，那就造成了实实在在的亏损。比如说，你这个项目投了 1 亿元，本来 2 年就可以干完，你干了 4 年，我们来算一下这 1 亿元的资本成本。按照银行贷款利率 6% 来算的话，利息 1 年是 600 万元，4 年是 2400 万元。如果销售净利率为 10%，那你 2.4 亿元的营业收入就等于全都没了。如果你这个工程预算又搞得太高，后期摊到产品当中的固定成本也就很高，那你产品的盈利性就相对比较差了。

如果你再做得细一点，还可以做一个费用日报表，知道每天都花了多少钱、是不是在你的预算范围之内。

那么这些内容做完了以后，你最后一定要做一个综合日报。把你企业经营信息的关键要点囊括在一起，每天盯着看。大家记住，很多东西都是盯出来的，你只要天天盯着一个问题，你就会发现你最终一定能把它给解决了。如果你不痛不痒、很多事情都得过且过，就很难发现问题。所以有句话是这样说的，凡事最怕的就是较真。你只要很专注、很较真地去盯着一个问题，就没有什么解决不了的。

大家说综合性集团公司的内部报表，我们到底要怎么搞呢？公司的子公司太多了，不好入手是吧？事业部、涉及区域、产品系列都很多，不好入手是吧？这个很简单，你可以以子公司、事业部、区域、产品系列为主体制作内部报表，以及进行考核，都没有关系。这样的话，考核就跟报表相对应了，不用搞两套，考核是考核，报表是报表，这样特别费事，变来变去，没有一个口径是统一的。报表主体和考核主体是什么并不重要，重要的是，一定要结合你的管理和考核体系。管理是多维度的，而不是一个单维度的问题。

好，那么我在这里对本节的内容做一个简单的总结：对外的报表是格式化管理的需求，对内的报表是精细化管理的需求，需求不同，报表的格式和内容就完全不同；而且企业不同，业务流程不一样，管理要点不一样，目标不一样，所以你不能抄别人的表，要参考借鉴做一套适合自己企业的内部管理报表。

那么下一节讲想管好财务，要从哪几个方面入手。

想管好财务，要从哪几个地方入手？

这一节我来讲一下，想管好财务，要从哪几个地方入手。

第一个，搭建财务管理团队。你要选对人，因为管理的问题最终都是关于人的问题。

有一次，我的一个朋友找我去帮他选财务总监，参加面试的有我这个朋友、两个副总和我，一共四个人。猎头公司带来了一个人，其间我只问了这个人两句话，其他的一概没说，一直在那里观察这个人。我们大概聊了一个多小时。这个人走了以后，我这个朋友就问我："你觉得这个人怎么样？"我就跟他说："我觉得不行。"他问我为什么，我说其实从他的专业背景和所谓的工作背景来看，是没什么问题的。注册税务师，在国企做财务负责人，正处在 35 岁到 40 岁这样一个最好的职业时期。但他的状态不行。他说："你从哪里看出来的？"我说："你看，他一个财务总监往那里一坐，腿就一直在那儿抖，所以这个人的定力应该不是很强。这是第一。因为他生了二胎，我就问他，生了孩子以后是不是有压力？他叹了一口气跟我说，他压力很大。你看，养两个孩子都把他压成这样，他怎么能管理一个团队呢？这是第二。此外，我问他问题的时候，他回答问题时眼神一直在游离，所以他不是一个能够担事的人。这是第三。你一个民营企业，要找一个能跟你同生共死的财务总监是不容易，但是这个人我是没看上的。"这样我们就把这个人踢出局了。我想说的是，一个企业的财务总监人选非常重要。

我还帮一个朋友选过一个财务总监，这个人刚正不阿，做事非常有效率，业务能力也非常强，但朋友的老婆——就是公司老板娘——看不上这个人，因为他不会来事。那老板娘喜欢什么样的人？喜欢那种会甜言蜜语、会来事的人。经过非常多的"努力"，老板娘终于把这个刚正不阿、业务能力很强的财务总监挤走了，换成一个她喜欢的、年轻的、非常会说话的财务总监。

所以我说，企业的财务团队的搭建，真不是那么容易的，也不是你看了我这本书就可以解决问题的。关键在于什么？在于人和人之间的相处。

第二个，你要建立好的财务管理文化。一旦你的公司没有严格的奖惩制度，所有的制度都形成虚设，大家就不会拿财务问题当回事儿，那出了事都是谁买单？都是老板买单。所以财务管理文化很重要。

有一次我去培训，有一家企业的财务总监跟我说："我们老板可好了，欠的钱都不要。他都不要，难道我们还要去要吗？"你看，这就是财务管理文化的影响力。

第三个，使财务融入业务，使业务融入财务。

财务人员一定要懂业务。如果财务人员不懂业务，他就做不好账。比如说，因为不懂业务流程，明明应该分配在 A 产品当中的成本，他给你搞到 B 产品上去了，然后你就会发现，你所有的成本都不准，你拿不准的报表做分析和决策，那分析是不准的，决策也都是错的。

第四个，业务人员也要懂点财务，为什么？这样的话他才能跟财务人员沟通。尤其是企业的经营管理者，你要是没点财务思维，你到时候做的财务重大决策基本上是错误的，这跟你什么学历出身没关系。

我曾经合作过一个企业家，这个人特别厉害，学历只有小学二年级，却能把企业做到全行业第二。在他跟我说财务指标的时候，我都得琢磨。所以学历不代表能力，知识体系是你可以通过后天的努力去充实和完善的，所以大家一定不要说，我学历不高，所以我不懂财务，并且以此推卸应该承担的责任。

业务人员懂点财务，大家才好沟通，业务人员和财务人员二者沟通好了以后，效率才会上来。否则业务人员考虑的都是业务，财务人员考虑的都是财务，双方天天掐架，企业一定没有好下场。

其实将业务融入财务非常简单，你就让你的财务人员到业务上去盯岗。很多大型企业的ERP系统做得特别好，财务人员坐在办公室点鼠标、点鼠标、点鼠标就可以了。可你不懂业务，就不会做分析。全部按照流程套路来工作也不是不可以，但定期到业务口去盯岗，把自己分管的每条业务线都了解透，这个时候你才是一个最厉害的财务人员。

有一次，我去给中国兵器工业集团讲课，中国兵器工业集团下边一个分公司的负责人跟我说："汤老师，你知道吗？我们集团当中有一个财务总监特别厉害，就像你说的，他其实不是搞财务出身的，他是搞业务出身的，但他到下边来查我们这些财务人员，我们都瑟瑟发抖。为什么？因为他懂业务也懂财务，我们哪里做得好、哪里做得不好，他一眼就能看出来，这就叫水平。"

那么我们怎么将财务融入业务呢？其实很简单，你看看财务的入门书、听一听财务的基础课程、看看财务报表、把不懂的专业术语查一查，也就差不多了。你不爱学，是因为你觉得它对你来说还不重要；如果它对你来说很重要，你就爱学了。我当年考注册会计师（CPA）的时候，整天看书、做题，很容易就通过了考试。可是考ACCA（国际注册会计师）的时候，我就没过，为什么？因为无论有没有ACCA的证书，我都能活得很好。我为什么考注册会计师？很简单，就是为了混口饭吃。我既然搞这个专业，那我就得在这个专业领域当中做到最好。

我们的业务和财务统一了以后，还有一个大BOSS要解决——我们

CEO 和 CFO 的沟通问题，这是第四个。我们的 CEO 千万别太强势了，如果 CEO 太强势而 CFO 太弱势，会怎么样？你说什么他就会干什么，可他很难达到你的目标和要求，最后的结果往往事与愿违。所以作为 CEO 别太强势了，沟通问题的时候你把自己的姿态放低一点。CFO 也别太弱势了，如果 CEO 的要求从财务角度来讲没办法实现或者有问题，你给他解释清楚。你只有给他解释明白，才能代表你是厉害的；如果你解释不明白、说服不了他，那就代表在某些方面，你还没有能力对他产生影响。

大家知道，我怎么跟我们公司以前的 CEO 沟通吗？当时我们公司有一个问题需要处理，这个问题处理好了，我们公司的净利润会增加 500 万元左右。我们公司当时的 CEO 喜欢车，我解决这个问题的时候，就给他做了一个比喻。我说："你看，如果我们承兑汇票的问题不解决，我们到银行去贴现的利息，一个月 1 辆奥迪 A6 就没了，一年 12 辆奥迪 A6 就没了，我们公司这十多年来，100 多辆奥迪 A6 就这么没了。"你给他一个非常形象的比喻，他不就什么都明白了吗？所以我们 CEO 说，这个问题必须解决。

这个时候我说，这个问题我解决不了。为什么？因为财务部门跟别的部门是平级的，我没办法强制要求人家必须配合我。我只能放低我的姿态，好好跟人家沟通。所以记住，沟通需要方法，方法很重要，两个人思想统一了、目标一致了，很多问题解决起来自然就不难了。

那么下面我在这里对本节的内容做一个简单的总结。想管好财务，第一选好人，第二建立财务管理文化，第三业财融合，第四财务总监跟总经理的沟通一定要协调——思想统一，目标一致——这样的话结果才是好的。

下一节我来讲，如果你想成为财务管理的高手，你需要做哪几件事情呢？

想成为财务管理高手，需要做哪几件事情？

　　这一节我来讲一下，如果你想成为一个财务管理高手，需要做哪几件事情。

　　最重要的一件事情就是学会看财报，我们要知道，无论是巴菲特还是李嘉诚，他们都是看财报的高手，但他们并不是财务专业出身的，所以看懂财报真的没有那么难。

　　我曾经去一家上市公司讲课，这家上市公司的高管对我说："汤老师，你能不能给我们讲讲我们自己公司的财报？"我说："这个可以，而且比讲别人的财报更有用。为了保护你们公司的商业秘密，你们不用提前给我报表，上课的时候把报表拿出来就可以了。你们还可以把公司的名字都抹掉，这样的话我也不知道你们给我看的到底是哪家子公司的情况。"我们双方一拍即合。

讲课的时候，他们提供了两份财报，我一看这两家公司的报表就说："这应该是一家母公司跟一家子公司。"有人问我是怎么知道的，我说："这很简单。你看，第一家公司没有银行贷款，公司的注册资本也不是很高，它主要的钱都是其他应付款给的，其他应付款非常高。谁能给你钱？一定是你的母公司了。再看第二家公司，我发现这家公司其他应收款的金额跟第一家公司其他应付款的金额差不多，那第二家公司应该就是母公司了。"他们说对。

我说，你们公司还有个问题。他们问是什么问题。我说："你们的考核有问题，你们只考核流水，不考核利润，也不考核现金流。"他们说："这个你是怎么看出来的？"我说："你看毛利率只有 5% 的项目你们还继续干，这不是有问题吗？那就是说，你们公司就是一个打肿脸充胖子的公司，大家需要提高业绩、占领市场，却却没人盯着利润和现金流。"他们跟我说："汤老师，你的分析都是对的。"

我为什么只看看报表，就能看出企业存在这么多问题？其实很简单，就是财务报表看得多了。大家要知道，只有拥有足够的量的积累才能实现质的飞跃，所以你想成为一个财务高手，想能够看懂企业的财报，你得先打好基础。就跟我们练太极拳一样，你说练太极之前你不站桩，那你练出来的就是太极操，根本就没力量。财务报表也一样，看多了你就会了。

另外，看企业的财报，其实每个不懂的地方你都把它给研究透了，那其他的问题也就迎刃而解了。所以我们在学习和研究的过程当中，永远要保持一个好奇心，这个世界上从来没有什么枯燥乏味的知识，而只有枯燥乏味的想法和你根本就无聊至极的生活状态。所以只要你带着好奇的眼光，带着琢磨的心态，你就会发现，无论什么东西学起来都非常有趣。

而且我们要看很多年的财报，不要只看一年，一年的财报反映不出太多的问题。因为报表是可以调的，但是调 1 年可以，调 10 年是很难的，如果这家企业一连 10 年的报表都长这样，那它的报表基本上就是真的。

我们在看报表的时候还要记住几个关键的财务指标，比如说代表盈利能力的毛利率和净利率。毛利率＝毛利／营业收入。其实如果毛利率很低，你就没办法有足够的赢利空间，因为毛利减去期间费用，然后再减去税费等，才形成了我们的净利润。所以毛利率非常重要，毛利率低的时候怎么可能有净利润呢？净利率＝净利润／营业收入，它反映的是卖 100 元的东西，你到底能挣多少钱。

有一些企业会规定，如果一个项目的毛利率达不到 35%~40%，那这个项目就不用做了。这是哪家企业？这家企业是华为。所以你看，华为的毛利率基本上就是 35%~40% 的水平，偶尔也有低的时候，但不是很多。因为华为在选择项目的时候，就会选择那些毛利率相对比较高的项目。

中国上市公司净利率的指标是，能够达到 10% 左右。但对一般企业来说，卖 100 元的东西能挣 10 元，那已经是很不容易了。我给大家说几个企业你们就知道了。星巴克的净利率最好的时候是 15% 左右，也有亏损的时候，2007 年的时候，星巴克其实就亏得一塌糊涂。

所以没有一家企业会永远赢利，就像没有一个人会永远处于人生的巅峰一样。人生正常的状态就是一定有高峰，也一定有低谷；企业也是这样的。你在高峰时期，那就快点挣钱；你到低谷时期，那就开始调整，自己不断努力学习改变，好迎接下一个高峰，只要你还活着，你就有机会。

那么介绍了毛利率和净利率这两个财务指标，我再给大家介绍一个衡量盈利能力的指标，叫净资产收益率。它反映的是股东投 100 元，能挣到多少钱。其实上市公司的净资产收益率能够达到 20% 的水平就已经很好了。就是我作为一个股东，我投 100 元给你，你能给我挣 20 元回来。但格力电器净资产收益率最高的时候可以达到 30% 以上的水平。这个指标它是不断变化的。

公司的盘子越大，这个指标就越低。为什么？因为企业越来越大，它整个的回报水平在逐渐降低。企业小的时候，你的固定成本很少，所以你的净利率就很高；等你一旦做大，你的固定成本就会特别高，净利率就会下降。

上面给大家介绍的是衡量盈利能力的指标，我再介绍几个资产结构指标和市场价值指标。

第一个是资产负债率，资产负债率 = 负债总额 / 资产总额。比如说，一家企业的资产负债率已经达到了 90%，那这家企业是不是可能破产了？也不见得。如果这是一家银行，那没问题，银行平均的资产负债率都在 90% 以上。可如果这是一个制造企业，制造企业的平均资产负债率是40%~60% 的水平，那这个企业的资产负债率达到了 90%，可不就要破产了？施工型企业平均的资产负债率如果在 80% 的水平，那也是一个相对来说负债比较高的企业。所以这个指标有自己的区间值。我们分析企业的时候要记住，不同的行业，不同的历史背景，不同的经济环境下，每个指标的意义是不同的。

第二个是市盈率，市盈率 = 每股市价 / 每股盈余。市盈率反映的是我们为了 1 元的利润所支付的市场价格倍数。假如你每股盈余 1 元，你的市场价格是 20 元，你的市盈率就是 20 倍。上市公司平均的市盈率大约就是20 倍左右的水平，但这个也要看行业，银行平均的市盈率就比较低，一般都是五六倍。这个指标越高，这家企业的风险就越大。我们都知道华谊兄弟，华谊兄弟的市盈率就曾经飙到过 70 多倍。这是什么概念？就相当于你去买这家公司的股票后，即使这家公司年年都给你分钱，全部分配也要 70 多年之后才回本。你想想你还能活多久？能不能再活 70 年，等华谊兄弟把本钱给你？所以市盈率越高，企业的风险就越大。巴菲特在投资股票的时候，基本上就选那些市盈率已经跌到个位数的股票。

第三个指标叫市净率，市净率 = 每股市价 / 每股净资产。假如说，我的净资产是 100 亿元，我的股份是 10 亿股，那我每股净资产是 10 元。如昗我现在的股价是 10 元，那就意味着，我在保本卖；如果我的股价是 20 元，就意味着我 1 元的资产现在在市场当中卖 2 元。

我上面给大家介绍的指标——包括我们的毛利率、净利率、净资产收益率，我们的资产负债率、市盈率和市净率——是必须要记住的基本指标。

大家一定要学会看报表，其实报表不仅一点都不枯燥，反而很有趣。我曾经举过一个例子。男人是张资产负债表，有资产不代表有实力；女人是张利润表，有利润也不等于有钱；家庭和社会关系是张现金流量表，有钱还要看是什么钱。你如果愿意看，就会发现满大街全都是报表，一个男人跟一个女人组成了一个家庭，生了一个孩子，这个孩子就是第一笔天使投资。

下一章我来讲一下，如何看透三大报表。

02

从三大报表
看透企业真相

资产负债表（1）：解读资产负债表的结构

这一节我给大家解读一下资产负债表的结构。

其实资产负债表中项目的排列顺序是有规则的。什么规则？就是越能够先变成钱的，它就越能够排在前面，所以第一个就是所谓的钱，叫货币资金。

那么资产负债表当中资产类的项目有两个分类，这是按照什么划分的呢？按照流动性。一年之内能够变成钱的叫流动资产，超过一年才能够变成钱的叫非流动资产。那么对应的，负债也是按照这样的规则分的，一年之内需要还的债务叫流动负债，超过一年需要还的叫非流动负债。

我们都知道关于资产负债表有一个公式，资产＝负债＋所有者权益。

所以所有者权益的金额是相减得到的，它等于我们的资产减去我们的负债。因为假如说公司整体的盘子有 100 亿元，你欠了别人 70 亿元，那 100 亿元减去 70 亿元，剩下 30 亿元才是你的。假如你当初投了 50 亿元，最后就亏了 20 亿元。假如你当初投了 10 亿元，那你最后就挣了 20 亿元。

所有者权益由四个主要的科目来反映。作为一个股东，我能够拥有哪些权益呢？第一个叫实收资本。如果是股份公司，就叫股本，是股东实实在在投的。比如说，你的公司每股 1 元，共计有 10 亿股，那你的股本就是 10 亿元。

第二个叫资本公积。资本公积又是怎么得出来的呢？假如说，你的实收资本是 10 亿元，你发行了 10 亿股，每股 10 元，你募了 100 亿元，那其中你实收资本增加了多少？增加了 90 亿元。因为你增加了 10 亿股，每股的成本是 1 元，但是你卖了 10 元，你挣了 9 元对吧？所以资本公积反映的是实收资本溢价。你多的钱放在哪里？就放在资本公积当中。

还有两个科目反映的是公司的赢利情况，一个叫盈余公积，另一个叫未分配利润。

盈余公积是怎么得出来的？是《中华人民共和国公司法》规定的，公司挣了钱不能都分给股东，至少要留 10% 来发展，当你提到你注册资本[①]的 50%，你就可以不用再提了。假设我的注册资本是 10 亿元，那么我提到 5 亿元的时候，我的盈余公积就可以不用再提了，剩下的我就可以全都分了。

未分配利润反映的是什么？是我经营这么多年，我挣了多少钱，如果未分配利润是负数，就说明这个企业经营到现在是亏损的。

这就是资产负债表一个大的结构。大家要知道资产的来源，流动资产和非流动资产、流动负债和非流动负债的划分方法，股东的权益都包括哪些内容，详见图 2-1。

---

① 注册资本和实收资本是不一样的。

注册资本是官方书面用语，是法律对于公司注册登记的要求，也是对企业债务清偿责任和能力的认定，企业需要向工商行政管理机关登记注册资本总额，并且在一定时间内完成注册资本的投入。实收资本是指企业实际收到的投资人投入的资本，这个可以按照企业注册时制定的公司章程或者之后签订的合同，实际缴纳给公司。

如若注册资本采取认缴制，后期一定要认缴到位。如若认缴的资本没有到位的话，公司是不可以进行注销的，而且被检查出来，也会受到一定的处罚。如若采取实缴制，那么公司缴纳的注册资本就是实收资本，是要如实登记的。

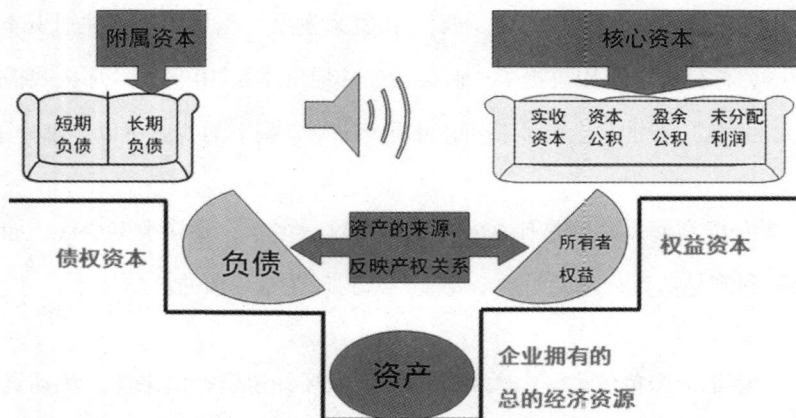

图 2-1　企业拥有的总资源

下面我给大家解读一下格力电器的资产结构（见表 2-1）。它整个资产项目当中，总资产截至 2021 年 3 月 31 日是 3061.81 亿元。[①]我们要知道，资产负债表它是一个时点表。什么叫时点表？就是它反映的是截至某一个时点的情况。而利润表体现的是时期指标。什么叫时期指标？就是在一个会计期间，它的发生额是多少。

表 2-1　格力电器资产负债表部分（2021 年 3 月 31 日）

指标	金额 / 亿元	占比 /%
总资产	3061.81	100
流动资产	2419.53	79.02
货币资金	1465.91	47.88
应收账款	111.92	3.66
存货	329.10	10.75

---

① 本书实际案例中的金额数据大多由年报数据四舍五入得到。占比数据大多为计算后四舍五入所得。两种数据均是保留两位小数的结果。以下不再做出说明。部分数据来源于东方财富网，下文中已标明出处。

续表

指标	金额 / 亿元	占比 /%
预付款项	38	1.24
非流动资产	642.28	20.98
固定资产	187.46	6.12
无形资产	58.39	1.91
总负债	1915.51	100
流动负债	1843.97	96.27
非流动负债	71.55	3.74

那么在这 3061.81 亿元的资产当中，其中 47.88% 是货币资金，就是光钱就有 1465.91 亿元。所以格力电器什么资产最多？钱最多。它是我目前分析过的上市公司当中货币资金占比最高的，像普通的企业这个指标能占比 10% 就不错了。一般来说，货币资金在总资产中占比达到 20% 的企业就是非常优质的企业了。

从非流动资产和流动资产的比例结构来看，格力电器 79.02% 的资产，也就是 2419.53 亿元资产是一年之内可以变成钱的资产。那么我们再来看，它的总负债是 1915.51 亿元：其中短期负债，就是一年之内需要还人家的部分是 1843.97 亿元，占比 96.27%；非流动负债是 71.55 亿元，占比 3.74%。格力电器的流动资产有 2419.53 亿元，流动负债是 1843.97 亿元。所以从流动资产与流动负债的金额来讲，格力电器的短期偿债能力是非常强的，抗风险能力也是非常强的。

格力电器不算是一个重资产企业，在其 3061.81 亿元的资产当中，固定资产才占 6.12%，也就是只有 187.46 亿元。

　　这就是格力电器的资产结构，流动性特别好，钱多，固定资产很少。我常常觉得，女性很容易存钱，男性更喜欢扩张。如果格力电器的掌舵人不是董明珠，而是一个男性，他多半会拿这 1000 多亿元的货币资金出去搞投资。大家可以思考一下，这种可能性到底有多大。我们要知道，财务报表是人做的，体现的是人的行为，人是什么样的，就会出现什么样的报表。

　　那么研究过格力电器，我们来看看美的集团的资产结构（见表 2-2）。美的集团的总资产是 3603.83 亿元。在这些资产当中，我们看到货币资金占资产总额的 22.53%，有 812.10 亿元。所以美的集团虽然资产总额比格力电器多，但是钱可没有格力电器多。

表 2-2　美的集团资产负债表部分（2020 年 12 月 31 日）

指标	金额 / 亿元	占比 /%
总资产	3603.83	100
流动资产	2416.55	67.06
货币资金	812.10	22.53
应收账款	229.78	6.38
存货	310.77	8.62
预付款项	27.64	0.77
非流动资产	1187.27	32.94
固定资产	222.39	6.17
无形资产	154.22	4.28
长期待摊费用	13.01	0.36
金融资产	—	—
总负债	2361.46	100
流动负债	1841.51	77.98
非流动负债	519.95	22.02

　　在美的集团的资产结构当中：流动资产占 67.06%——也就是说，它

变现的能力是没有格力电器强的；非流动资产占 32.94%，其中固定资产有 222.39 亿元，占资产总额的 6.17%。所以美的集团的资产结构虽然没有格力电器那么好，可它仍然不是一个重资产的企业，因为它 3603.83 亿元的盘子当中只有 6.17% 是固定资产。

我们再来看美的集团的负债结构，其中流动负债占 77.98%，非流动负债占 22.02%。

其实美的集团的资产结构是比较符合优质企业的资产结构特征的，格力电器算是偏极端的优质结构。也就是说，格力电器的资产结构不是一般的企业可以达到的，而美的集团的资产结构是只要努力就可以实现的。一个优质企业的标准资产负债结构大概就是这样：流动资产占比 60%~70%，非流动资产占比 30%~40%；流动负债占比 70% 左右，非流动负债占比 30% 左右。

为什么我要给大家重点分析资产结构？举一个简单的例子，你看奥迪跟奥拓就差一个字，但它俩差的只有一个字吗？不是。它俩差的是什么？是整个汽车的设计结构。一辆车的结构将决定这辆车可以跑多快，能够经过多高级别的撞击测试。企业的资产结构也是这样的，企业的资产结构将决定，你可以抵抗多少金融风险，你可以活多久。

研究完了格力电器、美的集团以后，我们再来看看海尔智家。海尔智家在家电行业当中也是一个知名的企业，但它的总盘子比格力集团和美的集团差了很远（见表 2-3），总资产是 2055.42 亿元，货币资金占资产总额的比重达到了 21.57%，为 443.42 亿元。

表 2-3　海尔智家资产负债表部分（2021 年 3 月 31 日）

指标	金额 / 亿元	占比 /%
总资产	2055.42	100
流动资产	1160.52	56.46
货币资金	443.42	21.57
应收款项	202.58	9.86
存货	323.31	15.73
预付款项	7.07	0.34
非流动资产	894.91	43.54
固定资产	208.37	10.14
无形资产	100.44	4.89
长期待摊费用	4.71	0.23
金融资产	—	—
总负债	1292.04	100
流动负债	1079.66	83.56
非流动负债	212.39	16.44

在整个资产结构当中，海尔智家 56.46% 的资产是流动资产，43.54% 的资产是非流动性资产；固定资产总额是 208.37 亿元，占资产总额的比重是 10.14%。

所以对比这三家企业来讲，海尔智家算是一个比较重资产的企业，所以它的包袱相对来说比较重。

那么在整个负债结构当中，海尔智家的流动负债是 1079.66 亿元，占负债总额的 83.56%；非流动负债是 212.39 亿元，占了 16.44%。

这就是海尔智家的资产负债结构。因为它的资产负债结构没有美的集团和格力电器好，自然盈利性也没有这两家好。

刚刚说的三家公司是同一性质的公司，我再给大家说一个不同性质的公司——万科（见表2-4）。

表2-4 万科资产负债表部分（2021年3月31日）

指标	金额/亿元	占比/%
总资产	19078.60	100
流动资产	15843.32	83.04
货币资金	1965.99	10.30
应收账款	33.24	0.17
存货	10207.64	53.50
预付款项	715.44	3.75
非流动资产	3235.29	16.96
固定资产	124.16	0.65
无形资产	61.61	0.32
长期待摊费用	93.15	0.49
金融资产	—	—
总负债	15524.28	100
流动负债	13469.20	86.76
非流动负债	2055.08	13.24

万科的资产总盘子是19078.60亿元，这是截至2021年3月31日的数据。其中货币资金有1965.99亿元，占资产的比重是10.30%。所以对比这几家头部企业，大家会发现，万科的钱虽然金额很高，但占比不是很高，因为房地产企业它太需要砸钱了，这是由行业属性决定的。

我们再来看万科什么最多？万科的存货最多，金额为10207.64亿元，占资产总额的 53.50%。如果万科的存货可以及时变现，那万科账上的钱将会特别特别多，这也是由行业属性决定的。

所以你不要拿万科去跟格力电器、美的集团比，你应该拿万科跟同类的企业，比如说保利这样的企业去比。

万科的总资产当中，83.04% 是流动资产，16.96% 是非流动资产，所以房地产企业最大的资产结构问题就在于存货太多。现在房子销售的黄金时期已经过去了，房价已经不可能再像以前那样疯涨了。

我们再来看一下万科的负债结构，其中流动负债是 13469.20 亿元，占整个负债的比重是 86.76%；非流动负债占比是 13.24%。所以对于房地产企业来讲，流动性问题很重要。

万科的资产负债结构有两个主要特征，体现在两个主要的科目上，第一个是存货太高，第二个是流动负债太高。

下面我将对本节的内容做一个简单的总结，大家要记住一个逻辑，就是结构效率大于运营效率，企业的资产结构将决定这个企业可以活多久。

好，下一节我来讲一下，在资产负债表当中，代表企业核心实力的科目是哪几个。

资产负债表（2）：代表企业核心实力的科目

　　这一节我给大家讲一下，在资产负债表当中，哪些科目能够体现出企业的核心实力。

　　我们说看一个企业好不好，其中一个指标的情况非常关键，那就是有没有钱，在资产负债表当中体现的就是货币资金与交易性金融资产。货币资金包括企业的现金和银行存款，那么格力电器截至 2020 年 12 月 31 日货币资金是 1364.13 亿元，小米是 723.51 亿元，所以谁更有钱？当然是格力电器，具体数据见表 2–5。

表 2-5　格力电器和小米货币资金和交易性金融资产情况 （2020 年 12 月 31 日）

单位：亿元

科目	企业	
	格力电器	小米
货币资金	1364.13	723.51
交易性金融资产	3.71	231.74
合计	1367.84	955.25

注：本表格合计数据为计算所得。

大家都知道，前几年董明珠跟雷军两个人开启了一个 10 亿元的赌局，最后格力电器赢了，小米并没有兑现承诺，支付给格力电器 10 亿元。说一句题外话，他俩开这个赌局或许就是为了博眼球，因为自从他俩开始炒这个赌局，我就开始研究小米和格力电器的产品，买小米和格力电器的产品，还对比哪家的更好用。这不就是广告效应吗？省下了广告费，净利润就增加了。

我们来看，交易性金融资产是什么呢？就是企业做的股票和债券的投资。所以从这个科目上来看，格力电器的交易性金融资产是 3.71 亿元，小米是 231.74 亿元。也就是说，雷军比董明珠更喜欢玩资本。而且还不只这些，在后边我们会研究小米的现金流量表，你就会发现，小米每年用来搞投资的钱非常多，这些投资是小米利润的主要来源。

再来看货币资金。格力电器的货币资金有 1364.13 亿元，小米是 723.51 亿元，所以对比来讲格力电器更有钱。

我们为什么首先强调货币资金与交易性金融资产？因为很多企业盲目扩张，你有利润，但账上没钱，钱才是你经营结果最真实的表达。

看完国内的两家企业，我们再看看国外的苹果、微软、脸书、亚马逊和特斯拉，以下是截至 2021 年 6 月底的数据（见表 2-6）。

表 2-6　苹果、微软、脸书、亚马逊、特斯拉现金及现金等价物情况（2021 年 6 月 30 日）

单位：亿美元

科目	企业				
	苹果	微软	Facebook	亚马逊	特斯拉
现金及现金等价物	340.5	142.2	161.9	403.8	162.3

注：上表数据来源于东方财富网。

苹果现金及现金等价物总额为 340.5 亿美元，微软是 142.2 亿美元，脸书是 161.9 亿美元，亚马逊是 403.8 亿美元，特斯拉是 162.3 亿美元。我们从钱这个角度来看，亚马逊钱最多，微软钱最少。

货币资金与交易性金融资产体现的是企业有没有钱，除此以外，还有两个科目体现了企业的实力，那就是盈余公积与未分配利润，这两个科目体现的是企业挣钱的实力。

我们知道：盈余公积是按照《中华人民共和国公司法》的规定提出来的；未分配利润就是我们经营这么多年，还没有分出去的利润。我们来看，截至 2020 年 12 月 31 日，格力电器的盈余公积是 35 亿元，未分配利润是 1028.42 亿元。也就是说，格力电器从成立到现在，一共有 1063.42 亿元的利润没有分出去。海尔智家的盈余公积是 30.45 亿元，未分配利润是 384.45 亿元，合计是 414.90 亿元。美的集团的盈余公积是 79.66 亿元，未分配利润是 870.74 亿元，合计是 950.40 亿元。具体参见表 2-7。

表 2-7　格力电器、海尔智家、美的集团盈余公积和未分配利润情况
（2020 年 12 月 31 日）

单位：亿元

科目	企业		
	格力电器	海尔智家	美的集团
盈余公积	35	30.45	79.66
未分配利润	1028.42	384.45	870.74
合计	1063.42	414.90	950.40

注：本表格合计数据为计算所得。

我们会发现美的集团和格力电器整体的赢利情况，格力电器这么多年来要比美的集团多挣那么一点点，多 100 亿元左右的水平。但海尔智家跟这两家相比就差得远了，它只有 414.90 亿元。

所以你想想看，一个企业经营效果好不好，就看它资产负债表上的这两个指标就够了，这两个指标越高就代表企业累计挣得越多。但不过这也不是绝对的，还要将盈余公积和未分配利润与货币资金做对比。为什么？你看看你挣了这么多年的钱，账上的钱够不够分，如果你挣了 1000 亿元，可账面上只剩下了 100 亿元，那你也得不到钱。

我现在对本节的内容做一个简单的总结，当一家企业拥有的货币资金越多，那么证明它抵抗风险的能力就越强，它的实力也就越强。同时，我们不只要关注企业拥有多少钱，还要关注它这么多年累计挣了多少钱——也就是两个科目，盈余公积和未分配利润。

下一节我来讲，在资产负债表当中，能够拖垮和耗死企业的科目是哪几个。

资产负债表（3）：拖垮、耗死企业的科目

这一节我给大家讲一下，拖垮、耗死企业的科目都有哪些。

在这些科目当中，第一个是应收账款。很多企业不太重视应收账款，我跟你们算一笔账，如果你的应收账款是1亿元，你的净利率假设是10%，那么你这1亿元要是收不回来，你10亿元的营业收入就全都打水漂了。如果你拿着1亿元去做理财，假设你一年的投资回报率是6%，你起码能够挣600万元。如果按照净利率10%来计算，就相当于创造了6000万元的营业收入。所以应收账款没有收回来，那才是你实实在在的亏损。

那么这个极限值是多少？假如你公司的净利率是10%的话，你一年营业收入是10亿元，那你应收账款最多也只能有1亿元，否则就相当于，你辛辛苦苦一直在干，但就是没钱，你卖出去的商品不仅没有及时变成钱，

还把你的利润全部都给吃掉了。

第二个是企业的存货。关于企业存货对利润的影响，我们要再算一笔账。假如你的存货是 1 亿元，并且这 1 亿元的存货没有被卖掉；再假如银行贷款利率是 6%，一年的利息就是 600 万元。那么你压了 1 亿元的存货，就相当于吃掉了 6000 万元的营业收入。所以你存货压得越少，企业的净利润自然就越高。

而且一旦你压得越久，货物过了保质期，你所有的投资就都变成了什么？亏损。我说的这种投资，就是你的存货形成的这种投资性资产。

所以很多企业现在都在推什么呢？零库存管理模式。

我们再来看，第三个是我们的预收款项。我们说预收款项怎么会耗死企业？你收得越多不是就越好吗？不是这样的，你收得越多，后边的责任就越大，如果你没有履行相应的责任，那你也是注定要倒霉的，所以收钱不是收得越多越好。

第四个是我们说的预付款项。账上挂的预付款项特别特别多的企业大部分都有问题：有一些是通过预付款项把钱倒腾出去了；有一些是预付了钱以后根本要不回来货；还有一些虽然预付了钱，但是没拿到发票，企业根本就没办法走账，也没办法计成本，货也没有来，那企业的利润就是虚高的。

第五个科目是应付账款。我们说，应付账款为什么能够耗死企业？因为如果你的应付账款太多了，大家都来告你，你也立马破产。我写过一本关于财报的书，在书中我是这样评价京东的：京东很火，市值也很高，但京东的账期就是京东的死期。为什么？因为京东的钱都是先收进来的，所以它账上有大量的现金，也就是说它自己的钱都是压供应商压来的。如果所有的供应商都去提现，挤兑京东，那么京东立马破产。那我们说，供应商会不会去京东提现，然后把京东给挤兑破产了？不会的。为什么？因为有很多企业在京东开店，一年也能挣几亿元，甚至十几亿元、20亿元，它肯定愿意被京东压几个月。很多很多这样的企业就成就了京东现在的现金流。

那么我们在看这些科目的时候记住一个逻辑，不要只看单点的内容，一定要看它对应的科目。比如说，我们看应收类的，就要对应看应付类的。在这里我们来看一下格力电器、美的集团、海尔智家的应收票据及应收账款、应付票据及应付账款情况（见表2-8）。

格力电器的应收票据及应收账款是87.4亿元，应付票据及应付账款是530.3亿元，利用应收应付的差额，格力电器占了人家442.9亿元。再来具体看看应收票据和应收账款的情况。应收票据就是企业收的承兑汇票。格力电器连承兑汇票都不收。因为收了你的承兑汇票，我还得去银行贴现，还得增加我的利息，造成我的亏损。格力电器虽然不收承兑汇票，但它开出去了214.3亿元的承兑汇票给别人，这就是它的厉害之处。

海尔智家和美的集团不是这样的。应收票据及应收账款的金额，海尔智家是 300.7 亿元，美的集团是 282.8 亿元。其中，海尔智家的应收票据有 141.4 亿元，美的集团的应收票据是 53 亿元。所以在应收票据及应收账款的管理上，海尔智家是做得最差的。在应付票据及应付账款上，海尔智家是 575.4 亿元，美的集团是 821.8 亿元。所以应收应付的差，海尔智家是 −274.7 亿元，也就是说通过应收应付这个环节，海尔智家能够占供应商 274.7 亿元。那么美的集团是这 3 家当中最狠的一个，通过应收应付的差，它可以占供应商 539 亿元。所以美的集团账上的钱多半都是哪来的？都是压别人压来的，这就是大企业的逻辑。

我们再来看看应收票据和应付票据的情况，海尔智家开出了 212.4 亿元的承兑汇票，美的集团开出了 282.5 亿元的承兑汇票，所以这 3 家在承兑汇票的使用情况上是差不了多少的。

我在这里给大家说说，为什么大企业都愿意开承兑汇票。假如你取得了一年期的银行贷款，你就要付一年的利息；可是你如果账上有钱，就可以开承兑汇票，从而获得了一定的账期，那就相当于，你获得了一笔没有一分钱借款利息的短期借款。

表 2-8　格力电器、海尔智家、美的集团应收应付情况
（2020 年 12 月 31 日）

单位：亿元

科目	企业		
	格力电器	海尔智家	美的集团
应收票据及应收账款	87.4	300.7	282.8
其中：应收票据	0	141.4	53.0

续表

科目	企业		
	格力电器	海尔智家	美的集团
应收账款	87.4	159.3	229.8
应付票据及应付账款	530.3	575.4	821.8
其中：应付票据	214.3	212.4	282.5
应付账款	316.0	363.0	539.3
应收与应付差额	-442.9	-274.7	-539

注：本表格应收之和、应付之和，以及应收与应付差额均为计算所得。

我们再来看看万科的预收款项和合同负债情况。在 2017 年之前，万科的预收款项大多是放在预收款项科目，后来被调到了合同负债科目当中。我们来看 2020 年 12 月 31 日的数据，在总资产是 1.869 万亿元的情况下，万科的合同负债有 6307.472 亿元，也就是说万科的合同负债占整个资产总额的比重是 33.74%。所以万科主要靠什么赚钱？靠预收的一些房款。那么 2019 年合同负债是 5770.472 亿元，2018 年是 5047.114 亿元，这就是万科不花一分钱利息获得的钱。这比银行贷款要好用多了。我们来算一算，我们按 5000 亿元、贷款利率 6% 来算，那一年就是超过 300 亿元的利息。如果净利率是 10%，就相当于 3000 亿元的营业收入。具体请参照表 2-9。

表 2-9 万科的预收款项及合同负债情况

单位：亿元

科目	数据时间		
	2020 年	2019 年	2018 年
预收款项	9.122	7.708	2.540
合同负债	6307.472	5770.472	5047.114
总资产	1.869 万	1.730 万	1.529 万

下面我来对本节的内容做一个简单的总结。我们一定要管理好企业的

应收应付、预收预付以及存货。怎么样才能达到更好的平衡？企业的实力一定要足够强大，才能更多地占用别人的资金，减少别人对自己资金的占用。

好，下一节我主要来讲一下，为企业创造价值的科目都有哪些。

资产负债表（4）：为企业创造价值的科目

这一节我来给大家讲一下，在资产负债表当中能为企业创造价值的科目。

第一个是固定资产。固定资产就是我们企业的厂房、设备、机器等，你要靠它们来赚钱。

第二个是无形资产。对于我们个人而言，什么是我们的无形资产？是你的思想，而不是别的。因为你的思想决定了你的行动，你的行动决定了你的结果。如果你的结果是有效、有价值的，那你就会挣到更多的钱。如果你的行为和结果是没有价值的，那你只会亏掉更多的钱。但对于企业而言，无形资产是什么？无形资产就是我们的专利、我们的技术等，它没有明确的形状，但却能够产生价值。

能为企业创造价值的第三个科目叫存货。为什么存货能够创造价值呢？举例来说，你的存货成本是 100 万元，现在卖了 200 万元，那你就挣了 100 万元。所以存货的真正价值体现在哪里？在买卖的过程当中增值才是存货为企业创造的价值。如果在买卖的过程当中，存货没有产生增值，那就是在减损企业的价值。

换句话来讲，无论是固定资产、无形资产、存货，还是我们拥有的其他资产，怎么为企业创造价值？在原先成本的基础上产生了增加额，这才叫创造价值。如果没有增加额，就是在减损企业的价值。

我的固定资产是 1000 万元买来的，可是我的产值还不到 1000 万元，我怎么能够形成 1000 万元以上的利润？所以价值在于创造。

而价值又不仅仅在于创造，价值也在于平衡。前面我们讲了应收与应付的平衡，如果你平衡好了应收和应付，企业没有被别人占用资金，还占用了别人的资金，那么你就可以不花一分钱利息免费用别人的钱，这就是一种价值。

我们人也是一样的，我们每个人都是企业的一项资产。你想你这个人一个月工资 5 万元，但他只给你干了 2 万元的活的话，那你是不是就在赔钱？但如果你给他每月发 5 万元的工资，他一年可以给你创造 1000 万元的价值，那你就赚了。

我们都知道阿米巴经营体系，阿米巴经营体系就是把人当成了一项资产，每一天让每一个人去算自己的投入产出比。如果一个人拿了公司的钱又给公司创造了价值，天天比对这两个值，如果每个人的投入产出比都大于 1，那每个人就都在创造价值，那公司一定是赢利的。

我们下面来看一下，企业整体资产结构当中的配比关系。比如说，企业的盘子是 100 亿元，你怎么配置你的长期资产和短期资产，也就是流动资产和非流动资产的结构关系？如果你把 80% 的资产都变作非流动资产，一旦市场出现问题，你立马倒闭；如果你把 80% 的资产都变作流动资产，生意做不下去了也可以及时变现，拿钱继续开创一番天地。所以企业一定要尽量轻资产运营。像国外有很多企业，比如耐克、阿迪达斯，其实都不设工厂，只做广告。因为做广告有助于打造品牌，有了品牌才有附加值，这就是价值。所以我们挣了钱以后，尽量多配置流动资产，这样你才能够有应对风险的能力。

那么在这里，我来对本节的内容做一个简单的总结。在资产结构的配置上，大家要注意，通常优质企业的流动资产占总资产的比重一般都在 70% 左右的水平，非流动资产占比都在 30% 左右的水平，具体看你自己的经营情况。因为这个值也是在不断变动的，随着企业的经营，企业的每一个指标都在变动。所以如果你想让企业的资产能够创造价值，最好的方式就是让所有的资产都动起来。如果你想让自己的人生有价值，你要怎么做？行动起来，因为如果你不行动，就什么价值都产生不了。

下一节我来讲一下，增加企业负担的科目都有哪些。

资产负债表（5）：增加企业负担的科目

这一节我来讲一下，在资产负债表当中增加企业负担的科目有哪些。

短期借款是企业取得的一年期的银行贷款。很多企业擅长做的事情是，我今年借了还去年的，明年借了还今年的，后年借了还明年的，举新债还旧债。这些企业这么做是基于怎样的假设呢？那就是明年银行一定会贷款给我。其实这种逻辑是错误的。短期借款金额一定不能高，因为一旦银根紧缩，你就会立马破产。

我们说既然短期借款不能借太多，那么长期借款就可以多借一点吗？借长期借款要稍微好一些，因为长期借款它有一个缓冲期，比如说我借了五年期的借款，我前两年经营情况比较糟糕，但是我在之后三年一旦经营情况好了，是不是就可以顺利还钱了？实在经营不济，我还可以申请一下延期。但短期借款不是，一年就到期了。

总的来说，我们一定要根据自己的资金需求，来配置自己的资金结构。假如说我投一个项目，一共需要300亿元。如果我完全依赖短期借款，那风险就太大了。如果长期借款能借到200亿元，从结构上来讲，我的风险就很小。

而且要注意，不能短贷长投。就像当年的德隆集团一样。当年德隆集团就是用短期的贷款去做长期的项目，当银根紧缩，德隆集团立刻死掉。冯仑写过一本书叫《野蛮生长》，里面是这样说的：德隆集团玩短贷长投，金额达到了200多亿元，最后玩不下去就死了。我呢？是玩到了20多亿元收手了，所以到现在我还活着。

除了看资金的还款期限，还要看资金的来源。如果这些钱都是你借的，你的风险也会非常大；但如果这些钱都是你自己的，你的风险就会小很多。因为银行只会锦上添花，而不会雪中送炭。

那还有哪些科目可以增加企业的负担呢？或有负债。

或有负债为什么会增加企业的负担？我的一个朋友跟我讲，她说她这段时间天天睡不好觉，我说怎么了？她说："我老公给别人担保，用我们家的别墅作为抵押，结果现在那个借款人跑了，法院在拍卖我们家的别墅，你说我怎么办？人找不到，钱也要不回来了，我很痛苦，我老公也很痛苦，但我们只能如此。"所以担保，尤其是联保，坑了很多企业。这是我们说的或有负债。

还有一些科目是可以增加企业负担的，它不是负债类的，而是资产类的。一个是存货，因为存货可能卖不出去。一个是固定资产，因为你的固定资产可能不能产生价值。比如说，我明明有年产 10 万吨的产能，却只能生产出 5 万吨的产品来，那不就是睁着眼睛赔钱吗？所以增加负担的可不见得一定是负债，有的资产类的科目也会增加你的负担，因为一切东西都是你在使用，只有在运转的过程当中产生了价值，你的负担才会相对减轻。

下面我们来看一下格力电器、美的集团、海尔智家在短期借款和长期借款方面的对比情况，表 2-10 是截至 2020 年 12 月 31 日的数据。

格力电器的短期借款是 203.04 亿元，长期借款只有 18.61 亿元，但它的货币资金是 1364.13 亿元。所以大家看，格力电器借银行的钱很少，账上又有很多钱，它是不是干脆把银行的钱都还完算了？并不是，因为企业要做信用价值评估，只要借出来的钱可以产生更高的价值，那就可以借。

我们再来看美的集团，美的集团的短期借款是 99.44 亿元，长期借款是 428.27 亿元，货币资金是 812.10 亿元。所以分析到这里我们会发现，美的集团账面上的钱有两个主要来源：第一是通过应收、应付压别人压出来的，第二就是通过长期借款借来的。如果银行不放长期借款、别人不让它占用资金了，美的集团账面上也就没钱了。

那我们再来看看，海尔智家的短期借款是 76.88 亿元，长期借款是

118.21 亿元，货币资金是 464.61 亿元。从这个数字来看，海尔智家偿还债务的能力还是很强的，因为它毕竟还算是一个特别优秀的企业，只不过比美的集团和格力电器差一点。

表 2-10 格力电器、美的集团、海尔智家借款和货币资金情况
（2020 年 12 月 31 日）

单位：亿元

科目	企业		
	格力电器	美的集团	海尔智家
短期借款	203.04	99.44	76.88
长期借款	18.61	428.27	118.21
货币资金	1364.13	812.10	464.61

下面我来对本节的内容做一个简单的总结。大家要记得，负债尽量别太多，一定要平衡好短期债务与长期债务之间的关系。还要记住一个要点，就是增加企业负担的不仅是债务，还有那些根本不能产生价值的资产。

下一节我来讲代表各方权益的科目有哪些。

资产负债表（6）：代表各方权益的科目

这一节我来给大家讲一下，代表各方权益的会计科目都有哪些。

那么我们先来看，资产总额等于流动资产加非流动资产。前面我们讲过了流动资产和非流动资产的配置关系，一个企业要尽量轻资产运营。那么我们再来看负债，负债总额等于流动负债加上非流动负债。那么资产减去负债就等于所有者权益，所有者权益就是股东所拥有的权益，它包括股东所投入的实收资本，还有资本公积、盈余公积和未分配利润。关于资本公积，我在前面讲过了，它代表的是资本的溢价；盈余公积是企业从税后利润当中提出来的；未分配利润就是经营了这么多年，企业还没有分出去的钱。

所以这就代表了一个企业总体的权益方的关系。比如说，你的企业有

1000 亿元的盘子，但是 900 亿元都是债务，那你的所有者权益就只有 100 亿元。但如果你说自己只有 200 亿元的盘子，负债总额却只有 100 亿元，那你也拥有 100 亿元的所有者权益。

所以我们要记住一个逻辑，就是你的资产负债率如果太高，企业的风险绝对是过大的。如果你的资产负债率达到了 90%，除非你是银行，否则你基本上处在破产的边缘。

下面我们来看一下，截至 2020 年 12 月 31 日，格力电器、美的集团、海尔智家的资产结构关系（见表 2-11）。格力电器的资产总额是 2792.18 亿元，其中股东权益是 1168.80 亿元，股本是 60.16 亿元。美的集团的资产盘子是最大的，有 3603.83 亿元，股东权益是 1242.37 亿元，股本是 70.30 亿元。海尔智家的资产总额是 2034.59 亿元，股东权益是 681.11 亿元，股本是 90.28 亿元。从这三组数字当中我们会发现，从股东的投入产出比来看，投资格力电器是最划算的，而海尔智家是股东投钱最多但股东权益最少的。所以从资产结构来讲，格力电器的股东得到的实惠更多。

格力电器的股价前几年涨得很高，但 2021 年以后一直在跌，这是为什么呢？前几年有 300 多只基金都去买了格力电器的股票，而之后这些基金开始卖出了。盈利性强的企业比较抗跌，跌到底还能再涨回来；但盈利性差的企业就不一样了，赚不到钱就没有人来捧你了。所以我们看，虽然市场当中的股价变化有的时候会跟我们企业的盈利性相背，但从长期的角度来看，你会发现，资本结构好、盈利性强的企业还是会活得更好。

表 2-11　格力电器、美的集团、海尔智家股东权益情况（2020 年 12 月 31 日）

单位：亿元

科目	企业		
	格力电器	美的集团	海尔智家
股本	60.16	70.30	90.28
股东权益	1168.80	1242.37	681.11
资产总额	2792.18	3603.83	2034.59

在代表各方权益的科目当中，还有两个科目，分别是归属于母公司股东权益和少数股东权益。举一个简单的例子，我们很多上市公司的报表，其实是合并报表。什么是合并报表？我在子公司中股份占比超过 50%，我就可以将子公司财报合并进母公司财报了。假如说我在一家企业股份占比 70%，这家企业的资产总额是 1000 亿元，其实我就占有了 700 亿元，这 700 亿元资产可以纳入母公司报表。所对应的股东权益在股东权益总额中的占比也是 70%，其余 30% 的股东权益便是少数股东权益。

那么我们来看格力电器归属于母公司股东权益是 1151.90 亿元，少数股东权益是 16.90 亿元，合计的股东权益是 1168.80 亿元。所以从这个数据来看，我们会发现，格力电器基本上主要的资产都是母公司的，归属少数股东的很少。

那么美的集团的股东权益，1175.16 亿元归属于母公司，少数股东权益是 67.21 亿元，合计是 1242.37 亿元。

那么海尔智家归属于母公司股东权益是 668.16 亿元，少数股东权益是 12.95 亿元，股东权益合计是 681.11 亿元。

具体可以看一下表 2-12。

表 2-12　格力电器、美的集团、海尔智家股东权益情况
（2020 年 12 月 31 日）

单位：亿元

科目	企业		
	格力电器	美的集团	海尔智家
归属于母公司股东权益	1151.90	1175.16	668.16
少数股东权益	16.90	67.21	12.95
股东权益合计	1168.80	1242.37	681.11

假如你分析一家企业，你发现它少数股东权益特别高，那就代表这家企业在以什么方式运作？就是我在扩大我的规模，我手里只有 10 亿元，买一家企业需要 1 亿元，我全资买的话只能买 10 家。可是我如果只买 50% 的股份，就可以买 20 家，那就意味着我的营业收入会增加 1 倍。但是我在算账的时候，必须给别人分少数股东权益。所以从报表的整体结构上来看，你会看到，这家企业的资产结构很大，但归属于母公司的却很少，为什么？因为它少数股东权益比较多，在很多项目上它不是绝对控股。

好，下面我来对本节的内容做一个简单的总结。我借助一个基本的公式来展开这一节的内容，就是资产 = 负债 + 所有者权益。因为资产只有两种构成，第一种是股东投的，第二种是向债权人借的。那么我们到底能够

拥有多少呢？是用你拥有的资产减去你欠别人的，剩下的才是你的，所以你管理的资产和你拥有的权益是不同的。

下一节我来讲资产负债表当中，容易隐藏问题的会计科目是哪几个。

资产负债表（7）：容易隐藏问题的科目

这一节我给大家讲一下，资产负债表当中容易隐藏问题的一些会计科目。

首先是其他应收款和其他应付款。为什么？

应收账款肯定不行，因为应收账款对应的是你的销售合同，你要开发票，发票对应的是你的营业收入；如果你虚增应收账款，那就意味着你要虚构销售合同，要多缴很多增值税。

预付款项肯定也不行，因为预付的时候你也要签合同，对应的是买了哪批材料、搞了什么工程，还得有发票。应付账款还是不行，因为应付账款对应的付款需要采购合同和增值税的进项税发票，甚至采购到货后，还涉及库存盘点等内容。

其他应收款科目核算企业除应收票据、应收账款、预付款项、应收股利、应收利息、长期应收款等以外的其他各种应收及暂付款项，俗称会计核算的"垃圾桶"，既可以记录部分没有发票的业务，又可以核算其他往来款（除销售商品收款以外的往来款）业务。与其他应收款相对应的就是其他应付款。一家企业如果其他应收款和其他应付款特别多，就代表着它可能存在大量的往来款业务，俗称倒账。

所以大多数企业，如果老板需要钱了，从公司账上支了 200 万元，对这 200 万元会计就只能走其他应收款。如果到年底的时候，老板把这个钱还了，这笔钱就会被视为公司对老板的分红，要加收 20% 的个人所得税。有的会计说不能这么做，因为这么做的话，老板要多缴税，得从员工身上走，在员工身上倒钱。这当然更不行。一个是，因为这相当于向员工借用了其金融账户，可能会被税务机关惩处。为什么？假如说员工一年的薪水是 50 万元，其中 20 万元走工资，30 万元走借款，节省了很多税金。但如果这笔借款长期挂账，税务局可能就会认定，明明是工资，但全部通过借款走了，这样自然会被税务局惩处，只要查到就是大事。一个是，公司账上还会多出很多应收账款，如果从员工处要不回来怎么办？如若要不回来，就按坏账处理，但偷税的现实已经造成了。所以资金，尤其是大额的资金通过公司的账户转给个人的时候，大家一定要尽量避免这种行为。

你要想看一家公司的账干不干净、财务人员水平高不高、老板有没有来来回回倒钱，就从其他应收款和其他应付款这两个科目看就行了。看到这两个科目不对劲，直接拉明细，你就能知道这个公司把钱都倒腾到哪里去了。这也是我们为什么一定要做内部管理报表的原因，因为我们看资产负债表只能看出一个总额，如果不做内部管理报表，不把明细拉出来，这个时候就不知道钱到了哪里，为什么跟这个公司或者这个人有往来，之间的协议是什么，对应的负责人是谁。只有了解了这些信息，你才可以追究责任。

其次，容易隐藏问题的另一组会计科目叫预付款项和预收款项。

预付款项怎么个隐藏法？比如说，我成立了一个从表面上看跟我毫无关联的公司，这个公司明明没有跟你进行交易，但我让这个公司跟你签订了虚拟的购货合同、工程合同，并且预付了钱。之后我注销这个新成立的公司，预付的钱也不收回来，钱就倒出去了。所以我们说，企业必须定期对账盘点，否则的话可能会丢钱。

我们再说预收款项，为什么说预收款项也能够隐藏问题？

比如说，你预收了100家公司的钱，你的会计做账的时候，把预收 A 的写成了预收 B 的，把预收 B 的写成了预收 C 的，到月底你们又不对账，你就会发现，你跟别家公司的往来是不准的，人家将来可能会跟你打官司问你要钱，可是你货都发了。虽然总数没问题，但具体分到谁家有问题。

又比如说，我预收了人家 50 万元，结果财务记账的时候记错了，说我预收了 100 万元，我就发了 100 万元的货给人家，那我不是赔惨了？丢钱的都是这么丢的。如果没有跟每家把账对平，将来肯定要出事。你们不要觉得记账是一个简单的事情，真的没那么简单。

最后，还有一个容易隐藏问题的科目叫在建工程。在建工程怎么个隐藏法？比如说，有一家企业，某个工程都干了三四年了，花了好几亿元了，但在建工程就是不转固定资产。那我们说在建工程转不转固定资产有什么区别？区别很大。如果转成固定资产，那就要计提折旧。2 亿元的工程，如果折旧提 20 年，那一年就得提 1000 万元。计提折旧可以抵扣所得税，但同时你企业的利润也减少了。有一些上市公司的盈利能力不是很好，为了粉饰报表，它就不把在建工程转固定资产。

那如果是房产，要不要转固定资产？当然不转。虽然已经建好了、在使用了，但转了之后还得交房产税，所以也不能转。这个以后查到也是要出问题的。

你会发现，怎样的企业才会错误使用这些报表科目？只有那些偷税、漏税，有转移资金需求的企业才会错误使用这种科目。因为你本身不应该这样做，但你却仍然这么做，这当然是错的。明明在建工程都应该转固定资产了，你仍然挂着；明明不是预付款项，你搞一个假合同，把它放在预付款项里……大家记住，账一定要规规矩矩地做，因为你只要这么做过，就一定会留下痕迹，将来一定是可以查出来的。

现在我来对本节的内容做一个简单的总结。我们一定要老老实实做账，踏踏实实做人，长长久久做企业。

下一节，我来讲利润的结构。

利润表（1）：利润的真假与结构性问题

这一节我给大家讲一下，利润的真假与结构性问题。

首先我们来看一下，截至 2020 年 12 月 31 日，格力电器、美的集团、海尔智家的营业收入与净利润情况（见表 2-13）。

格力电器的营业收入是 1704.97 亿元，净利润是 222.80 亿元，净利率是 13.07%，就是格力电器卖 100 元的东西能挣 13.07 元。美的集团的营业收入是 2857.10 亿元，净利润是 275.07 亿元，净利率是 9.63%，那就是美的集团卖 100 元的东西能挣 9.63 元。

所以从赢利的角度讲，格力电器的盈利性比美的集团要好多了。格力电器的营业收入规模没有美的集团大，它俩的营业收入差了 1000 多亿元，可是美的集团的净利润却只比格力电器多了 50 多亿元，所以格力电器是很赚钱的。

我们再来看海尔智家，海尔智家的营业收入是 2097.26 亿元，所以海尔智家的营业收入其实比格力电器多，多 300 多亿元。但是它的净利润却比格力电器少 100 多亿元，只有 113.23 亿元，净利率只有 5.40%。也就是说，海尔智家卖 100 元的东西，净利润只有 5.40 元。

表 2-13　格力电器、美的集团、海尔智家营业收入和净利润情况（2020 年 12 月 31 日）

项目	企业		
	格力电器	美的集团	海尔智家
营业收入 / 亿元	1704.97	2857.10	2097.26
净利润 / 亿元	222.80	275.07	113.23
净利率 /%	13.07	9.63	5.40

注：净利率由计算所得。

下面我们来看一下格力电器的利润表结构，我们来看 2020 年 12 月 31 日的情况（见表 2-14）。格力电器的营业收入是 1704.97 亿元，营业成本是 1242.29 亿元，占了营业收入的 72.86%。也就是说，格力电器的毛利率还不到 30% 的水平。

税金及附加是 9.65 亿元，占营业收入的比重是 0.57%。

期间费用是 147.09 亿元，占营业收入的比重是 8.63% 的水平。期间费用包括销售费用、管理费用、财务费用。

销售费用是为了销售商品而发生的，它一般都体现在营销上，它占营业收入的比重是 7.65%。也就是说，格力电器卖 100 元的商品，有 7.65 元用在了营销上。

格力电器的管理费用在 2020 年是 36.04 亿元，占营业收入的比重是 2.11%。这个金额还是比较少的，这意味着，格力电器实现 100 元的营业收入，它只要花掉 2.11 元管理成本，所以格力电器的管理效率是非常高的。

不过我们说，这个数据的情况没有 2019 年好，2019 年管理费用占比是 1.89% 的水平。也就是说，在 2019 年的时候，格力电器实现 100 元的营业收入，只需要花 1.89 元的管理成本。但 2019 年格力电器的销售成本高，那个时候实现 100 元的营业收入，销售成本要花掉 9.13 元。所以从 2019 年到 2020 年，格力电器把销售费用省了，我觉得这跟董明珠自己代言产品有关。

我们再看格力电器的财务费用，格力电器 2019 年的时候是 –24.27 亿元，2020 年的时候是 –19.38 亿元，2018 年的时候是 –9.48 亿元。所谓财务费用，通常是指我们向银行借款需要负担的一些利息成本，可当财务费用是负数，意味着什么？意味着你用自己的钱获得的回报已经超过了银行的借款利息。我们以 2020 年为例，财物费用为 –19.38 亿元是什么概念？按照净利率 10% 来算，意味着格力电器实现了 193.8 亿元的营业收入。所以我们知道，一家企业如果财务费用过高，那就会吃掉企业的利润，可格力电器不是，格力电器在金融方面它是赚到钱了的。

那么我们接下来再看一下格力电器的投资收益。格力电器 2020 年的投资收益是 7.13 亿元，2019 年的投资收益是 −2.27 亿元，所以 2019 年投资是亏的，2020 年投资是赚的。

我们再来看格力电器的所得税和净利润。2020 年格力电器的所得税是 40.30 亿元，2019 年是 45.25 亿元；净利润的水平，2020 年是 222.79 亿元，2019 年的时候是 248.27 亿元，2018 年的时候是 263.79 亿元。所以从 2018 年到 2020 年这 3 年的数据来看，其实格力电器没有以前挣得多了。但我们要知道，2020 年是一个特殊的年份，因为在新冠肺炎疫情情况下，企业能够赢利就已经非常不错了，尤其是空调企业和其他家电企业，赢利更难。为什么？因为大家都闭关了很长时间，空调销售、安装、售后都产生了很多问题，所以新冠肺炎疫情对家电企业的影响是很大的。此外，一旦一个企业上了一定的规模，它的成长性就比较弱了，每年的盈利性也就相对比较稳定。所以格力电器每年大概挣个 200 多亿元，是非常稳健的水平了。

表 2-14　格力电器利润表部分（2018—2020 年）

科目	2020 年		2019 年		2018 年	
	数值 / 亿元	占比 /%	数值 / 亿元	占比 /%	数值 / 亿元	占比 /%
营业收入	1704.97	100	2005.08	100	2000.24	100
营业成本	1242.29	72.86	1434.99	71.57	1382.34	69.12
税金及附加	9.65	0.57	15.43	0.77	17.42	0.87
期间费用	147.09	8.63	196.79	9.81	223.18	11.16
销售费用	130.43	7.65	183.10	9.13	189	9.45
管理费用	36.04	2.11	37.96	1.89	43.66	2.18
财务费用	−19.38	−1.14	−24.27	−1.21	−9.48	0.47
公允价值变动收益	2	0.12	2.28	0.11	0.46	0.02
投资收益	7.13	0.42	−2.27	−0.11	1.08	0.05
营业利润	260.44	15.28	296.05	14.76	309.97	15.50

续表

科目	2020 年		2019 年		2018 年	
	数值 / 亿元	占比 /%	数值 / 亿元	占比 /%	数值 / 亿元	占比 /%
加：营业外收入	2.87	0.17	3.46	0.17	3.18	0.16
减：营业外支出	0.22	0.01	5.98	0.30	0.41	0.02
利润总额	263.09	15.43	293.53	14.64	312.74	15.64
减：所得税	40.30	2.36	45.25	2.26	48.94	2.45
净利润	222.79	13.07	248.27	12.38	263.79	13.19

好，下面我对本节的内容做一个简单的总结。其实利润表是一张分钱表，我们要注意的是它的分钱逻辑。100 元的收入，我在成本上分多少钱？我在税金上分多少钱？我在管理费用、销售费用、财务费用上又能分多少钱？还有很多企业是这样的，我的主营业务不赢利，我就靠投资收益和营业外收入来调节我的报表。当然我刚刚给大家讲的格力电器不是这样的企业，它的主营业务非常赚钱。

下一节我来讲一下，利润表当中能够增加利润的科目与因素都有哪些。

利润表（2）：增加利润的科目与因素

下面我给大家讲一下，利润表当中增加利润的科目都有哪些，以及哪些因素会影响我们的利润。

第一个是营业收入。一家企业好不好其实从营业收入上就可以看出来，不只要看它营业收入的规模，还要看它营业收入的构成。比如说搞房地产的企业，如果它的营业收入 99.999% 都来自房产销售，那就代表它主业突出。如果它 80% 的营业收入都来自金融贷款，那么这家企业的收入结构就有严重的问题。的确有一家这样的企业，但它其实是转型了，从房地产企业转型成了金融公司。它房子卖不出去，但因为收购了一家保险公司，保险公司的产品又卖得特别好，所以它的报表就特别难做，它就只能把保险收入列在其他业务收入当中，否则就会跟营业执照上的经营范围不符。所以它即使吃了很多亏，但也没有办法。

那么我们从外部来看一家企业的时候，主要看它的主营业务收入。如果这家企业的主营业务是赚钱的，那就代表着这家企业的实力是没有问题的。你主业要突出，这是第一。

第二个是投资收益。投资收益怎么体现？我给大家讲一个企业，你就知道它是怎么体现出来的，这个企业就是苏宁易购。下面我们来看一下苏宁易购的利润表（见表2-15）。2020年苏宁易购的净利润是-53.58亿元，营业收入是2522.96亿元，那就意味着其实苏宁易购做出了这么高的营业收入，但它仍然还是亏损的。我们再往前看（见表2-16）。在2012年之前，苏宁易购一年能挣个20亿元左右。但到了2019年，苏宁易购的营业收入是2692.29亿元，净利润是93.20亿元，它的投资收益是217.91亿元，那就意味着，如果没有投资收益的话，苏宁易购其实是亏损的，它只不过在通过投资收益来让自己的报表好看而已。如果要看主营业务，那么苏宁易购其实已经亏了六七年了。有兴趣的话，大家可以把苏宁易购的报表再往前看几年，就会知道了。

我们再来看一下苏宁易购的期间费用。2020年它的销售费用是256.77亿元，占营业收入的比重是10.18%，意味着它每产生100元的营业收入，都要花10.18元在营销上。这个比例要比格力电器高很多。它的管理费用控制得还不错，只有46.60亿元，占营业收入的比重是1.85%。它的财务费用非常高，达到了19.65亿元,说明这几年它缺钱就只能大量举债.期间费用总额为323.02亿元。

再看一下它的营业成本占营业收入的比重，达到了89.01%，相当于苏宁易购的毛利只有 10% 左右。所以你怎么能够获取更高的净利润呢？你的毛利率也就 10% 左右，而你的期间费用就要花掉 323.02 亿元，也就是 12.80% 的营业收入。所以苏宁易购只能通过投资收益来调节报表了。

我们再来看看 2018 年，2018 年的时候苏宁易购的营业收入是 2449.57 亿元，它的净利润是 126.43 亿元，这个时候它的投资收益是 139.91 亿元。如果它没有投资收益，2018 年它依旧是亏损的。这一年它营业成本占营业收入的比重是 85%，说明它的毛利率还可以达到 15% 的水平；同时，它的期间费用占营业收入的比重是 13.27%。差额是微乎其微的。

在中国，上市公司连续三年亏损就要披星戴帽了，很多企业不愿意披星戴帽，就两年亏损、一年赢利，赢利就是靠投资收益。我们说一家企业通过投资收益来调节报表，其实就是在卖子卖孙、倒腾资产，然后用资产的收益来平衡报表。

第三个，有类似作用的还有营业外收入。营业外收入能够调节得比较少，2020 年苏宁易购有 4.25 亿元营业外收入，但它营业外支出也花了 4.62 亿元，所以它通过营业外收入没有达到粉饰报表的目的。

如果一家企业靠投资收益和营业外收入来调节报表和利润的话，是没办法持久的。我们接着来看苏宁易购，它靠投资收益来调节利润其实是从 2015 年开始的（从 2017 年发布 2016 年年报时开始，苏宁云商改名苏宁易购），2015 年它的投资收益为 16.55 亿元，净利润是 7.58 亿元，营业收入是 1355.48 亿元。所以在 2015 年的时候，如果不靠投资收益，苏宁易购就已经是亏损的了。

但是苏宁易购也有好的时候。它 2011 年的时候，只有 938.89 亿元的营业收入，净利润却达到了 48.86 亿元，这个时候它的投资收益只有 1.52 亿元，营业外收入只有 1.18 亿元。那也就是说，其实这 48.86 亿元是它实实在在通过主营业务挣来的。

到了 2012 年的时候，它的营业收入是 983.57 亿元，净利润是 25.05 亿元，投资收益是 0.13 亿元，营业外收入是 3.54 亿元，所以 2012 年的时候它还是实实在在挣钱的，挣了 20 多亿元。

到了 2013 年的时候，它的营业收入涨到了 1052.92 亿元，净利润却只有 1.04 亿元了，那个时候，它的投资收益是 0.34 亿元，营业外收入是 1.61 亿元，说明它还没有通过投资收益来粉饰报表。

但是到了 2015 年的时候，它的日子就特别难过了，如果没有投资收益的话，报表就出现亏损了，这将严重影响它的股价。所以 2015—2019 年它通过投资收益调节了很多利润，但终于还是做不下去了。到 2020 年的时候，由于没有那么多的投资收益，它就开始亏损了。

下面我来对本节的内容做一个简单的总结。我们要记住一句话，真的假不了，假的长不了，时间会证明一切。

下一节，我来讲减少利润的科目以及相关的因素都有哪些。

表 2-15　苏宁易购利润表（2018—2020 年）

科目	2020 年		2019 年		2018 年	
	数值 / 亿元	占比 /%	数值 / 亿元	占比 /%	数值 / 亿元	占比 /%
营业收入	2522.96	100	2692.29	100	2449.57	100
营业成本	2245.77	89.01	2301.17	85.47	2082.17	85
税金及附加	9.73	0.39	10.61	0.39	8.94	0.36
期间费用	323.02	12.80	407.14	15.12	325.03	13.27
销售费用	256.77	10.18	335.32	12.45	260.67	10.64
管理费用	46.60	1.85	49.45	1.84	52.01	2.12
财务费用	19.65	0.78	22.37	0.83	12.35	0.50
资产减值损失	−21.88	−0.87	−11.20	−0.42	−20.59	−0.84
公允价值变动收益	4.67	0.19	2.16	0.08	2.92	0.12
投资收益	22.14	0.88	217.91	8.09	139.91	5.71
营业利润	−68.64	−2.72	146.72	5.45	136.59	5.58
加：营业外收入	4.25	0.17	2.51	0.09	5.06	0.21
减：营业外支出	4.62	0.18	3.28	0.12	2.19	0.09
利润总额	−69.01	−2.74	145.95	5.42	139.45	5.69
减：所得税	−15.43	−0.61	52.75	1.96	13.03	0.53
净利润	−53.58	−2.12	93.20	3.46	126.43	5.16

表 2-16　苏宁易购利润表（2011—2015 年）

单位：亿元

科目	数据时间				
	2015 年	2014 年	2013 年	2012 年	2011 年
营业收入	1355.48	1089.25	1052.92	983.57	938.89
营业成本	1159.81	922.85	892.79	808.85	761.05
投资收益	16.35	−0.30	0.34	0.13	1.52
加：营业外收入	16.65	26.52	1.61	3.54	1.18
其中：非流动资产处置利得	14.15	24.49	—	—	—
减：营业外支出	1.66	2.21	2.01	1.26	0.89
其中：非流动资产处置损失	0.18	0.29	0.22	0.06	0.04
净利润	7.58	8.24	1.04	25.05	48.86

利润表（3）：减少净利润的科目与因素

这一节我给大家讲一下，在利润表当中减少净利润的科目与因素都有哪些。

第一个就是我们的营业成本，前面我也讲了，苏宁易购的毛利率是越来越低了，毛利率不到 10%，怎么能取得 10% 的净利率呢？所以企业的营业成本一定要控制在一个可以接受的范围之内。很多企业会设定一个值，就是毛利率低于 30% 或者 40% 的项目压根就不干。为什么？因为做这样的项目根本就不挣钱。

营业成本的控制和降低主要靠什么？我们的设计和我们的生产环境。后面我会在第五章重点讲这个内容。

第二个是期间费用。期间费用包括管理费用、财务费用和销售费用，对于费用的控制有一个极限值，通常来讲，期间费用应该控制在营业收入的10%以内，企业才能够开始赢利。如果你没有做到，那你可能就是亏损的。不信你算算账，大致如此。

这里要特别说一下财务费用。如果你的财务费用是正数，就说明你每年都要还大量的银行贷款，你需要付大量的利息，那就意味着你企业的现金流很可能有问题。你看像格力电器这样的企业，它的财务费用是负数，它可以用资本赚钱，赚得比利息还多。

第三个减少企业净利润的因素是投资亏损，与投资亏损对应的是营业外支出，是第四个影响因素。这两项一个是投资产生的，一个是营业外经营产生的。

第五个是税金。为什么税金会是一个重要的因素呢？你要知道，税占营业收入的比重平均达到了10%左右的水平呢！我们会发现，盈利性越强的企业，它缴的税就越多，这个很正常，国家的税收政策，就是按照多得多缴的逻辑制定的。

第六个减少利润的科目叫资产减值损失。你可千万别小瞧了资产减值损失，有一家央企资产减值损失每年计提几十亿元，这是什么概念？这比它的利润还高，几十亿元、几百亿元的营业收入全部都打了水漂。这就证明这家企业有大量的闲置资产，每年都要计提资产减值损失。

下面我们来看一下居然之家的利润表，我们都知道居然之家被阿里巴巴给收购了，这家公司是一家非常不错的企业。大家看一下表 2–17，2020年它的营业收入是 89.93 亿元，2019 年是 92.29 亿元，2019 年和 2020 年都是居然之家比较难过的日子，因为有新冠肺炎疫情，买房和置换家具的人都比较少了。我们再来看它的利润：2019 年净利润是 31.80 亿元，净利率是 34.46%；2020 年净利润是 14.17 亿元，净利率是 15.76%。再来看它的投资收益：2020 年它的投资收益是 0.33 亿元，说明它没有通过投资收益来调节利润；但是 2019 年它的投资收益很高，是 7.19 亿元，所以如果扣除了投资收益，它的净利润达不到 31.80 亿元，净利率也不会达到 30% 以上的水平。

我觉得正常来讲，净利率在 10%~15% 其实已经是一个比较不错的值了。看看大多数企业的情况：比如我们都知道的沃尔玛，净利率其实才只有 4%~6%；又比如，丰田的净利率也只有 4%~6%；再比如我们都熟悉的希尔顿酒店，净利率才只有 3%。

那么我们再分析居然之家的利润结构，我们会发现，居然之家的毛利率还是比较高的，因为 2020 年它的营业成本占营业收入的比是 59.62%，也就是说毛利率将近 40%。

它的期间费用占营业收入的比重，2020 年是 18.21%，2019 年是13%，所以从 2019 年到 2020 年，居然之家的管理效率其实是下降的，所以它的盈利能力也随之下降了。

表 2-17　居然之家利润表（2019—2020 年）

科目	2020 年		2019 年	
	数值 / 亿元	占比 /%	数值 / 亿元	占比 /%
营业收入	89.93	100	92.29	100
营业成本	53.62	59.62	49.08	53.18
税金及附加	1.16	1.29	1.35	1.46
期间费用	16.38	18.21	12	13
销售费用	10.69	11.89	7.34	7.95
管理费用	4.23	4.70	4.09	4.43
财务费用	1.46	1.62	0.57	0.62
公允价值变动收益	1.50	1.67	0.19	0.21
投资收益	−0.33	−0.37	7.19	7.79
营业利润	19.92	22.15	36.46	39.51
加：营业外收入	0.12	0.13	3.42	3.71
减：营业外支出	0.91	1.01	0.14	0.15
利润总额	19.13	21.27	39.74	43.06
减：所得税	4.96	5.52	7.94	8.60
净利润	14.17	15.76	31.80	34.46

　　好，下面我来对本节的内容做一个简单的总结。想让我们企业的净利率高，毛利率必须要高。居然之家的毛利率有 40% 那么高，再加上它的投资收益又很好，所以 2019 年它的净利率才可以达到 30% 以上的水平。如果你的毛利率只有 10%，你怎么做也很难做到 30% 以上。

　　下一节，我来讲经营活动现金流，这个值能够反映企业自我造血的能力。

现金流量表（1）：企业自我造血的能力

下面我来讲现金流量表当中的经营活动现金流。

在讲之前，我们先分析一下现金流量表的结构。

现金流量表是按照收付实现制制作的。它包括三个内容，第一个叫经营活动现金流，就是企业经营活动所产生的现金流。那经营的流入减去经营的流出，就等于经营的净流量。对于一个企业来讲，这个值必须是正数，因为如果是负数，就意味着企业经营产生不了正的现金流，你的企业自己没有造血能力，就只能靠外部输血才能活下去。如果你想看一家企业好不好，那很简单，你就看它的经营活动现金流是不是年年都是正数。如果年年都是正数，还能够大于利润，这就是最好的企业。但有个前提，你不要只看一年的，你至少看它 10 年左右的经营活动现金流，如果年年都如此，那就是了不起的企业了。

第二个叫投资活动现金流，企业经营挣了钱就开始扩张和投资，所以产生了投资活动现金流。投资活动现金流通常可能为正，也可能为负：如果是正数就代表企业正在收回投资，卖子卖孙——就像苏宁易购一样，年年投资活动现金流都是正的；那么如果是负数，就代表这个企业正在进行投资。所以对于一个企业来讲，投资活动现金流是正还是负无所谓好坏，但从某种意义上来讲，负数比正数要稍微好些。

第三个叫筹资活动现金流，它既可能为正，又可能为负：如果是正数，代表这家企业正在进行筹资；如果是负数，代表这家企业正在分红或者还钱。所以我们说，是正数好还是负数好？其实答案很简单，负数要比正数好。为什么？一个企业有钱，它才有得分；如果年年靠筹资过日子，这个企业一定有问题。所以大多数企业是这样的：你筹一笔钱，用个四五年或者五六年，然后当你扩张到差不多的时候，就再筹一笔。但你年年都筹钱，筹资活动现金流年年都是正数，你的经营一定有问题。

好，下面我们看一下格力电器的经营活动现金流量表，我截取了2016—2020年这五年的数据（见表2–18）。

首先，我们来看一下它经营活动产生的现金流量净额，在2020年是192.39亿元，在2019年是278.94亿元，在2018年是269.41亿元，在2017年是163.38亿元，在2016年是148.60亿元。我们会发现，这5年格力电器的经营活动现金流量净额全部都是正数，而且跟净利润差不多。

我们看到：2020 年它的净利润是 222.79 亿元，但经营活动产生的现金流量净额是 192.39 亿元；2019 年净利润是 248.27 亿元，经营活动产生的现金流量净额是 278.94 亿元。我们以 2019 年和 2020 年的数据来进行分析发现：2019 年格力电器的净利润已经全部都变成了经营活动现金流，也就是钱了；2020 年有一部分没变成钱，但是不是很多。所以一家企业可以保持这样的指标，那是非常不容易的。

我们再来看一下，从 2016 年到 2020 年，格力电器每年缴多少税？缴得最多的是哪一年？是 2019 年的 151.28 亿元。2020 年格力电器缴的税不是很多，只有 81.84 亿元，这跟我们国家在整个新冠肺炎疫情期间的税收减免政策稍微有一些关系。

我们再来看格力电器为员工花的钱。2020 年格力电器给员工一共花了 89.01 亿元，2019 年花了 88.31 亿元。我们可以再算一个数，就是你把格力电器的员工总数找出来，用它为员工花的钱除以员工总数，就知道格力电器平均给每个员工花多少钱了。

表 2-18　格力电器经营活动现金流数据及净利润（2016—2020 年）

单位：亿元

科目	数据时间				
	2020 年	2019 年	2018 年	2017 年	2016 年
经营活动现金流入小计	1638.92	1751.96	1462.10	1136.61	755.15
经营活动现金流出小计	1446.54	1473.02	1192.69	973.23	606.55
经营活动产生的现金流量净额	192.39	278.94	269.41	163.38	148.60

续表

科目	数据时间				
	2020 年	2019 年	2018 年	2017 年	2016 年
销售商品、提供劳务收到的现金	1558.90	1663.88	1350.29	1075.99	698.97
购买商品、接受劳务支付的现金	1217.93	942.15	780.46	583.65	404.79
支付给职工以及为职工支付的现金	83.01	88.31	85.75	76.85	56.57
支付的各项税费	81.84	151.28	151.42	131.97	113.34
净利润	222.79	248.27	263.79	225.08	155.25

下面我来对本节的内容做一个简单的总结。对于一个企业来讲，有利润未必有钱，但是有钱才能够活下去，所以现金流对一个企业来讲至关重要。

我给大家说一个简单的逻辑关系。第一，如果你的经营活动现金流年年是负数，你就必须借钱过日子，借不到的时候，你可能就要完蛋。第二，如果你的经营活动现金流没有跟你的净利润差不多，那你的经营也有问题。比如说，你的净利润一年是 100 亿元，但你的经营活动现金流只有 10 亿元，那就意味着其实你有 90 亿元的利润没有变成钱。又比如说，你的净利润是 100 亿元，你的经营活动现金流也是 100 亿元，这个时候经营活动现金流跟净利润是差不多的，就证明你已经把净利润全都变成钱了。第三，如果你的经营活动现金流是 100 亿元，你投资需要花掉 50 亿元，起码你还剩50 亿元。但如果你的经营活动现金流是 100 亿元，你投资就要花掉 500 亿元，你就必须借 400 亿元，这样的资本结构就比较危险了。

下一节我来讲一下现金流量表当中的投资活动现金流。

现金流量表（2）：企业扩张的速度能力

这一节我来讲一下，现金流量表当中的投资活动现金流。

我们来看一下格力电器投资活动现金流的情况（见表2-19），那么首先来看它是正的还是负的？2016年格力电器投资活动产生的现金流量净额是 –192.47 亿元，2017年是 –622.53 亿元，2018年是 –218.46 亿元，2019年是 –112.75 亿元，那么到2020年的时候，是 9773.02 万元。也就是说，从2016年到2019年是格力电器的扩张期，其中扩张最快、投资最多的是2017年，达到了 –622.53 亿元。2020年新冠肺炎疫情暴发，格力电器停止了扩张的脚步，这是个明智之举。

表 2-19 格力电器投资活动现金流情况（2016—2020 年）

单位：元

科目	数据时间				
	2020 年	2019 年	2018 年	2017 年	2016 年
收回投资收到的现金	95.21 亿	31.31 亿	67.11 亿	34.04 亿	31.42 亿
取得投资收益收到的现金	3.05 亿	4.27 亿	5.79 亿	1.52 亿	2.65 亿
处置固定资产、无形资产和其他长期资产收回的现金净额	663.78 万	961.45 万	630.20 万	354.94 万	2719.64 万
收到其他与投资活动有关的现金	43.23 亿	48.78 亿	26.52 亿	4.43 亿	650 万
投资活动现金流入小计	141.60 亿	84.46 亿	99.49 亿	40.03 亿	34.41 亿
购建固定资产、无形资产和其他长期资产支付的现金	45.29 亿	47.13 亿	38.38 亿	24.25 亿	32.77 亿
投资支付的现金	35.61 亿	71.93 亿	154.78 亿	124.20 亿	14.96 亿
取得子公司及其他营业单位支付的现金净额	4.26 亿	7.74 亿	10.30 亿	—	
支付其他与投资活动有关的现金	55.42 亿	70.40 亿	114.50 亿	514.12 亿	179.14 亿
投资活动现金流出小计	140.58 亿	197.21 亿	317.95 亿	662.56 亿	226.87 亿
投资活动产生的现金流量净额	9773.02 万	-112.75 亿	-218.46 亿	-622.53 亿	-192.47 亿

那么我们再来看它一些具体的内容。

格力电器投资活动现金流入小计，2020 年是 141.60 亿元。其中，用来购买固定资产、无形资产和其他长期资产的钱并不是很多，2020 年是 45.29 亿元。

格力电器投资活动现金流出小计，2020 年是 140.58 亿元，这个数字还是相对比较好的。2020 年格力电器收回投资收到的资金是 95.21 亿元，2019 年是 31.31 亿元。所以在新冠肺炎疫情期间，即便是格力电器也不会急于扩张，而是开始使劲地收钱了。

格力电器取得投资收益收到的现金，2020 年是 3.05 亿元，2019 年是 4.27

亿元。所以从 2019 年和 2020 年这两年来看，格力电器的投资收益还是相对不错的。

格力电器对于子公司的投资还是比较多的，它投资支付的现金 2019 年是 71.93 亿元，2018 年是 154.78 亿元，2017 年是 124.20 亿元。所以即便在 2020 年，格力电器也投了 35.61 亿元，但已经是近几年来最少的一年了。

我们再来看看小米，小米在投资方面的现金流入和流出金额非常巨大（见表 2-20）。给你们看一组数字，这组数字大到可能会吓你一跳。2020 年小米购买证券投资所支付的现金是 2062.41 亿元，出售证券投资所收到现金是 1957.64 亿元；2019 年购买证券投资所支付的现金是 1385.96 亿元，出售证券投资所收到的现金是 1298.65 亿元；2018 年购买证券投资所支付的现金 1472.49 亿元，出售证券投资所收到的现金是 1440.95 亿元。

所以从这组数据来看，我们会发现，小米是一个平台型公司：通过粉丝运营，收入噌噌地涨；又压供应商的钱，由此攒了一大笔钱。其实小米在技术上花的钱不是很多，在投资上花的钱比较多。

所以跟小米合作最好的方式是什么？就是开一家银行或者券商，承揽小米的业务，一年就有 2000 多亿元的流水。你想一个小分行一般就几十亿元的存款，大一点的几百亿元，小米一家就把这些 KPI 全都给承包了。

我们看到小米在证券投资上手笔是很大的，可是在设备、物业、厂房上，它其实支付得不是很多，2020 年一共花了 30.26 亿元。所以从这个投资活动现金流的结构上来讲，其实小米不是一个重资产型企业。

那么我们再来看它投资活动产生的现金流量净额，在 2020 年的时候是 –176.79 亿元，2019 年是 –315.70 亿元。所以大家会发现，在新冠肺炎疫情期间，小米也对投资进行了压缩了，压缩了 100 多亿元。

表 2-20　小米投资活动现金流量情况（2015—2020 年）

单位：元

科目	数据时间					
	2020 年	2019 年	2018 年	2017 年	2016 年	2015 年
购买物业、厂房及设备支付的现金	–30.26 亿	–34.05 亿	–37.85 亿	–12.18 亿	–18.26 亿	–25.24 亿
出售物业、厂房及设备收到的现金	6308.80 万	6773.50 万	2736.70 万	153.10 万	4985.50 万	39.80 万
购买无形资产及其他资产支付的现金	634.50 万	3004.80 万	0	0	0	0
购买子公司、联营企业及合营企业支付的现金	3851.70 万	0	–3493.60 万	0	0	0
出售子公司、联营企业及合营企业收到的现金	0	0	–2565.50 万	0	0	0
购买证券投资所支付的现金	–2062.41 亿	–1383.96 亿	–1472.49 亿	–1158.95 亿	–559.71 亿	–763.38 亿
出售证券投资所收到的现金	1957.64 亿	1298.65 亿	1440.95 亿	1138.32 亿	535.02 亿	795.15 亿
已收利息及股息(投资)	11.72 亿	12.11 亿	6.22 亿	4.08 亿	2.11 亿	2.06 亿
投资活动产生的现金流量净额其他项目	–54.44 亿	–206.33 亿	–11.57 亿	1.93 亿	2.99 亿	1453.40 万
投资活动产生的现金流量净额	–176.79 亿	–315.70 亿	–75.08 亿	–26.78 亿	–37.35 亿	8.73 亿

注：表格 2-20 数据来源于东方财富网。

现在我们再分析一下华为（见表 2-21）。

2019 年的时候，华为经营活动产生的现金流量净额是 913.84 亿元。2020 年的数据是什么样呢？2020 年的经营活动现金流量净额是 352.18 亿元，比 2019 年少了 600 亿元左右，这就是华为被打压得最严重的一年。

华为投资活动现金流量净额在 2020 年也减少了。2019 年的时候是 –1450.01 亿元，到了 2020 年，变成 –307.93 亿元，减少了 1000 多亿元。因为经营活动现金流量净额少了 600 多亿元，那投资活动现金流量净额自然也就减少了。

表 2-21 华为现金流量表部分（2019—2020 年）

单位：亿元

科目	数据时间	
	2020 年	2019 年
销售商品及提供服务收到的现金	9894.47	9597.85
支付给供应商及雇员的现金	–10102.31	–9294.82
其他经营活动净现金流量	560.02	610.81
经营活动现金流量净额	352.18	913.84
投资活动现金流量净额	–307.93	–1450.01
筹资活动现金流量净额	16.53	377.44
现金及现金等价物净增加 / 减少额	60.78	–158.73

下面我来对本节的内容做一个简单的总结。任何一个企业都不可能做到一直高速成长，华为是一个高速成长的企业，但这几年在被打压的情况下，也不得不放慢了投资的脚步。同时，我们会发现，在新冠肺炎疫情期间，

无论是华为、格力电器还是小米，都非常谨慎，没有进行高速扩张和投资。所以记住，一家企业想活得更久，必须审时度势。

下一节我来讲现金流量表当中的筹资活动现金流。

现金流量表（3）：企业分红还账的能力

这一节我给大家讲一下，经营现金流量表当中的筹资活动现金流。

我们来看一下格力电器筹资活动现金流的结构（见表 2-22），首先看它是正的还是负的？ 2020 年的时候，格力电器筹资活动现金流量净额是 –211.11 亿元，2019 年是 –192.22 亿元，2018 年是 25.14 亿元，2017 年是 –22.48 亿元，2016 年是 –57.72 亿元。

我们来看，2020 年格力电器分配股利、利润或偿付利息支付了 142.36 亿元，从 2016 年到 2019 年，这个科目的金额分别是 91.80 亿元、111.21 亿元、8.63 亿元、131.59 亿元。

表 2-22 格力电器筹资活动现金流（2016—2020 年）

单位：亿元

科目	2020 年	2019 年	2018 年	2017 年	2016 年
吸收投资收到的现金	0.15	3.27		1.12	
其中：子公司吸收少数股东投资收到的现金	0.15	3.27		1.12	
取得借款收到的现金	376	212.68	276.34	216.10	123.82
筹资活动现金流入小计	376.14	215.95	276.39	218.82	144.93
偿还债务支付的现金	294.75	276.58	242.27	130.09	110.54
分配股利、利润或偿付利息支付的现金	142.36	131.59	8.63	111.21	91.80
其中：子公司支付给少数股东的股利、利润	4.12				
支付其他与筹资活动有关的现金	150.15		0.35		0.10
筹资活动现金流出小计	587.26	408.17	251.25	241.30	202.44
筹资活动产生的现金流量净额	−211.11	−192.22	25.14	−22.48	−57.52
汇率变动对现金及现金等价物的影响	−3.72	2.04	−1.96	−17.98	40.95
现金及现金等价物净增加额	−21.48	−24	74.13	−499.62	−60.44
加：期初现金及现金等价物余额	263.73	287.72	213.60	713.21	773.65
期末现金及现金等价物余额	242.25	263.73	287.72	213.60	713.21

　　那么一个企业为什么分红，又为什么不分红？其实第一，这跟这个企业的习惯有关系：它习惯分了，它多半会分；如果不习惯分，它就不分。但关键在于，为什么会产生习惯？我们就以格力电器跟万科为例做一下说明。

　　你看格力电器基本上除了 2020 年分得少以外，以前都分得很多，因为董明珠拥有格力电器几千万股股票，现在大约是 5000 多万股。此外，工资缴的所得税税率高，分红缴的所得税税率低。董明珠管理着一家利润百亿级、营业收入千亿级的企业，她拿 500 多万元，真的不算高。这就意味着，她分红分到的钱比她的工资要高多了，所以她年年分红。

而万科那些职业经理人主要的特点是什么？他们拥有万科的股份少，所以你看万科职业经理人的工资都特别高，所以万科历来很少分红。为什么？因为分红分不到这些职业经理人手里，对他们来说，还不如多拿点钱。所以大家去看看万科的年报，你会发现万科那些高管每年光薪酬总额就有5000 多万元。

我们再来分析一下现金及现金等价物净增加额。这个数字是怎么得出来的？是我用去年账上的钱减去今年账上的钱得到的。如果这个数字是正数，就代表增加了；如果是负数，那就代表减少了。其实，我们不能单纯从增加了多少来看这个企业是好还是不好，这是不准确的。这个指标反映的其实只是在某一个时间点上，这个企业的钱是增加了还是减少了。此外，对于格力电器这样的企业来说，账上的钱实在是太多了，所以多一点少一点，可能影响并不是很大。

相对来说，经营活动现金流量净额是更准确的数据。经营活动现金流量净额反映的是企业这一个时期经营下来，现金到底有没有增加。

现在我们来看一下格力电器经营活动现金流、投资活动现金流和筹资活动现金流整体的结构（见表 2-23）。

表 2-23　格力电器的现金流数据（2016—2020 年）

单位：亿元

科目	数据时间				
	2020 年	2019 年	2018 年	2017 年	2016 年
经营活动现金流量净额	192.39	278.94	269.41	163.38	148.60
投资活动现金流量净额	0.98	-112.75	-218.46	-622.53	-192.47
筹资活动现金流量净额	-211.11	-192.22	25.14	-22.48	-57.52

2020 年的时候，格力电器经营活动现金流量净额是 192.39 亿元，投资活动现金流量净额是 0.98 亿元，筹资活动现金流量净额是 -211.11 亿元，所以 2020 年格力电器主要在攒钱、攒钱、攒钱。

但在新冠肺炎疫情之前，格力电器主要在干什么？不断扩张。以 2018 年和 2019 年的数据为例：2018 年经营活动产生了 269.41 亿元的现金流，可是光投资就花掉了 218.46 亿元；2019 年经营活动产生了 278.94 亿元的现金流，投资活动又花掉了 112.75 亿元。所以大家来看，2018 年和 2019 年格力电器经营赚的还不够它投出去和分出去的。

之所以做出这种选择，是因为 2018 年和 2019 年的时候市场行情比较好，2020 年市场行情不好，所以到了 2020 年的时候，格力电器整个资金结构就开始收缩，它开始想着把钱留在自己口袋里等待这个寒冬过去。

一家企业的攒钱能力其实决定了它把握机会的能力。我们都知道稻盛和夫，大家知道他是怎么做起日本第二大电信公司的吗？其实核心秘密非常简单，就是他喜欢攒钱。

稻盛和夫当年做京瓷的时候有一个逻辑，那就是只做业务，不炒股，也不做房地产。因为炒股得来的钱不是辛辛苦苦挣来的，炒股是暴利；房地产利润太高。他辛辛苦苦搞企业，存了非常非常多的钱，然后不断扩大企业的规模。

直到有一天，日本要搞一个电信公司，因为全日本原来就一家电信公司，通话费实在太贵，日本政府为了解决通话费太贵的问题，所以想搞一家电信公司跟原先那家电信公司竞争。当时谁能做这样的企业？那个时候日本有很多厉害的企业，三井、三菱、丰田，但这些公司账面上没多少钱，它们的银行贷款比较多。可是京瓷不同，稻盛和夫的公司账上全都是钱。所以京瓷就被日本政府盯上了。为了替日本大众降低电话费，稻盛和夫就搞了日本第二大电信公司。当时，在董事会上做决议的时候，稻盛和夫说了一句特别硬气的话："大家放心，我这么多年攒下的钱绝对够干这件事情了，根本不需要向银行贷款。"这就是稻盛和夫的底气。

所以我们经营企业要记住一点，不要挣一点钱就盲目地把钱投出去，永远要保持深厚的积淀。

好，下面我来对本节的内容做一个简单的总结。大家记住一句话，存钱其实也是一种创造力。

下一章我来讲做好企业发展规划的关键。

做好企业发展
规划的关键

财务战略与业务战略目标的统一

这一节我来给大家讲一下战略的问题。

关于战略，其实主要要思考三个问题：第一，我们身处何处？第二，我们将往何处发展？第三，我们将如何到达？

讲战略之前，我要先讲一下战术。"战略"和"战术"这两个词都发源于军事领域。将这两个词套用到管理领域，用一句通俗的话表示，那就是：战略是你想要什么；战术是你如何得到你想要的。企业经营管理，其实解决了两个问题：第一，你想要什么？第二，你如何得到你想要的？说一句题外话，我们人活着也是为了解决这两个问题：你想要什么？你如何得到你想要的？

再往深一步思考，我们经营企业要思考，我们将从事哪些业务？将建立何种市场地位？我们将满足什么样的买方需求？将服务哪些顾客群体？我们将会取得什么样的结果？

那么制定战略，说白了就是制定企业目标，企业可以把使命和远景转化为特定的业绩目标。首先要记住，业绩目标必须具体量化。其次，企业制定的目标一定要有挑战性，如果目标具有挑战性，就能够避免企业业绩下滑与自满。最后，目标还不能定得太高。大家通过努力能够达到的，才是好目标；但如果你累得够呛也完不成目标，这样的活儿没人干。

目标的类型有财务目标、业务目标。这也是我们财务要跟业务进行融合的原因之一。制定财务目标，主要是为了改进企业的财务业绩；制定战略目标，是为了提高企业的竞争能力和长期的经营地位。说白了，你业绩好了，竞争能力自然就强了。就像我在前文分析的一些企业，你的经营地位和你的能力体现在什么方面？体现在财务结果上，你的核心能力强，账上就有钱，市场份额就高，这是非常简单的逻辑。

下面我给大家举几个财务目标和业务目标的例子。比如说，我可以制定我的公司的营业收入每年以 25% 的速度增长，当然也可以是 30%、40%、50%、60%、70%、100%，都可以。但为什么以这个速度增长？我也可以制定将我的毛利率控制在 30%~40% 的水平、净利率控制在 10% 的水平、净资产收益率控制在 20% 的水平、资产负债率不要超过 50%，等等。关键在于，你的目标要根据企业所处的行业，以及你管理的目标需求来定。记住，你的业务战略最后必须以财务战略数据落地才是有效的。

有一次，我去清华大学的财务总监班给学生们讲课。有一个同学跟我说，自己公司的战略不好，我说哪里不好，他说哪都不好。我就问了一下是谁给他们制定的战略，他说他们找了国内一流的公司做的战略，我说公司厉害不代表制定的战略就厉害，尤其是咨询公司。我问他咨询团队当中有搞财务的吗，他说没有，我说那这个战略一定不好。他问我为什么，我说给你制定战略的人里都没有熟悉财务的，这样的人制定的财务战略一定是无效的，因为这样的战略不够务实。

我们来看一下麦当劳的战略目标。第一个是剔除那些无法产生足够收益和与战略不匹配的业务。先把不合理的业务剔除，财务结果才能改变。把不挣钱的业务干掉，企业自然就挣钱了。第二个是取得 20% 的总资产净利率。第三个是取得每年 10% 的净利润增长率，每股平均收益保持每年15% 的增长率，资产负债率低于 40%。大家来看，麦当劳的战略目标是非常清晰的，财务风险结构的比例定得很好——不超过 40%，对每年净利润的增长情况也交代得非常清楚，大家只要朝着这个指标去干就好了。

下面我们来回顾一下本节的主要内容。说白了，制定战略就是制定企业的目标。企业的目标分为财务目标和业务目标两种。目标不能定得太高，也不能定得太低，而且目标必须是可以量化的。而我们本节最重要的内容，是将财务目标和业务目标融合起来。

下一节，我来讲一下企业的成长能力。

企业成长能力分析

这一节我来讲企业成长能力分析。

下面给大家介绍几个指标，第一个是营业收入增长率，第二个是营业利润增长率，第三个是经营活动现金流增长率，第四个是总资产增长率，第五个是负债增长率，第六个是所有者权益增长率。

那么给大家列这些指标有什么意义？

举一个简单的例子，你的企业的营业收入每年以 20% 的速度增长，如果你的成本费用控制住了，你会发现你的营业利润也在以 20% 的速度增长。如果你全部的营业收入目标都能够实现，又没被别人压钱，你的经营活动现金流同样应该以每年 20% 的速度增长。如果你的资产没有亏空，那你总资产的增长速度应该跟你营业收入、营业利润、经营活动现金流的增长速度是一样的。同样，负债和所有者权益也会以这样的速度增长。所以对一个企业来讲，以什么样的速度成长是非常重要的。

那你说"老师，我想公司以 100% 的速度增长，增长率肯定越高越好啊"，我跟你说，一个企业不可能一直过高过快地成长，但凡以成倍速度去增长的企业，都是死得比较快的企业。年年 100%、200% 这么增长，有几个企业可以做到？企业可能刚开始创业的时候，每年会以一个较高的速度增长，但只要到了一定的阶段，就会开始以相对正常的速度增长。一个人可能刚开始逮着个什么机会，一下子变成暴发户，但后面你会发现，他挣钱的速度会相对变慢。所以冯仑才会说了一句特别有意思的话，这是他在他的一本书当中说的："我折腾企业的时候发现上天是公平的，为什么？我前些年取得的暴利，后面那些年都会被一些项目给稀释了。从更久远的时间来看，其实一年就能挣那么一点。"

我们要记住，分析问题绝对不能以一个时间点为基础，一定要把问题放到很长的时间跨度中来看，1 年、2 年、3 年、5 年、10 年、几十年，这个时候你才不会被当下的假象所迷惑。

那么我们下面来看一下华为 2020 年的财报数据（见图 3-1）。2020 年的时候，华为的营业收入的增长率是 14%，营业利润的增长率是 11%，经营活动现金流的增长率是 8%。

从这些数字我们会发现，华为营业收入的增长速度跟营业利润的增长速度谁更快一些？当然是营业收入了。所以华为大概有 3% 的营业收入没有变成营业利润，都被增长的成本给稀释掉了。

那么营业收入的增长速度跟经营活动现金流的增长速度谁更快一些？当然还是营业收入。华为 2019 年经营活动产生的现金流量是 900 多亿元，到了 2020 年的时候只有 350 多亿元，相差将近 600 亿元的水平，这就是华为被打压后产生的重大问题。我们要知道，对一个企业来讲，利润是相对好调节的，而现金流则是很难造假的，盘子越大越难造假。

我们从增长率的指标来看，华为营业收入的增长水平略高，而营业利润和经营活动现金流的增长水平不及营业收入增长水平。从这些数据来看，华为成本费用的控制能力有所下滑，现金流水平也有所下降。

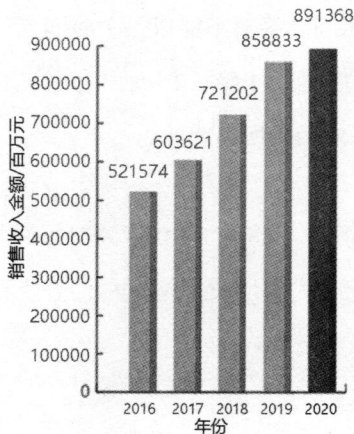

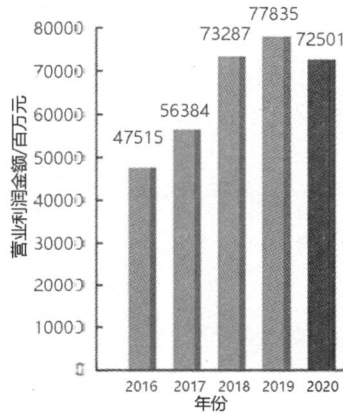

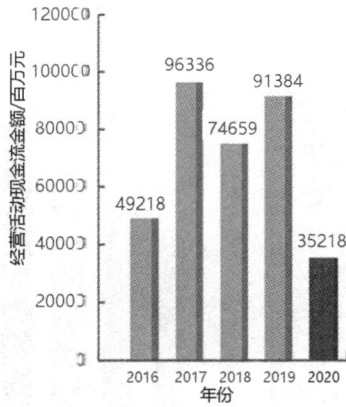

图 3-1　2016—2020 年华为部分财务数据

　　当然，我分析了这么多年华为的财报，其实我觉得华为的报表是做得非常好的，它的业务数据也做得非常好。

我们再来看一下华为 2019 年的数据（见图 3-2），华为的营业收入 2019 年是以 21% 的速度在增长，营业利润是以 14% 的速度在增长，经营活动现金流是以 15% 的速度在增长。而且从这几张图当中，我们会看出它 2019 年的经营活动现金流是比 2018 年多的，在 2015 年到 2019 年这 5 年的时间里，2019 年和 2017 年是华为经营活动现金流表现最好的年头，这两年每年都可以产生 900 多亿元的经营活动现金流。

华为是非常厉害的，如果它没有受到打压，要不了多久就可以超过三星了。华为现在的年营业收入是 8000 多亿元，三星是 1.2 万亿元左右，但华为的营业收入每年在按 20% 左右的增长率增长，三星的营业收入每年都在负增长，华为要不了几年就会超过三星。

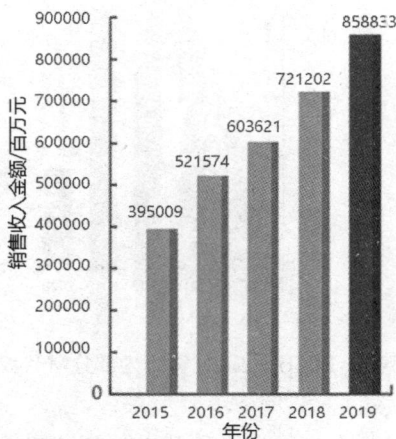

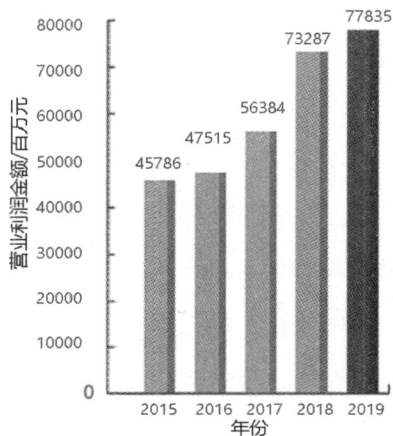

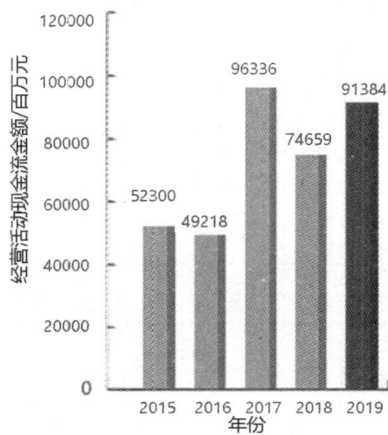

图 3-2　2015—2019 年华为部分财务数据

　　那么分析完华为的营业收入、营业利润和经营活动现金流的增长情况，我们再来看一下华为其他相对关键的财务指标情况（见表 3-1）。华为

2020 年的营业收入是 890 多亿元，2019 年是 850 多亿元，2020 年的增长情况并不是很好。华为的资产负债率，2020 年是 62.3%，2019 年是 65.6%，所以华为的财务杠杆还是相对比较高的。华为的营业利润率在 2020 年是 8.1%，2019 年是 9.1%，2018 年是 10.2%，2017 年是 9.3%，2016 年是 9.1%。对于华为来讲，随着它营业收入规模的扩大，它的盈利水平是逐渐下降的，它的营业利润是在被逐渐稀释的。当然，目前仍然是很可观的，可以达到 8%~10% 的水平，这已经比海尔智家赚钱多了。

表 3-1 华为关键财务数据（2016—2020 年）

指标	数据时间				
	2020 年	2019 年	2018 年	2017 年	2016 年
营业收入 / 百万元	891368	858833	721202	603621	521574
营业利润 / 百万元	72501	77835	73287	56384	47515
营业利润率 /%	8.1%	9.1%	10.2%	9.3%	9.1%
净利润 / 百万元	64649	62656	59345	47455	37052
经营活动现金流 / 百万元	35218	91384	74659	96336	49218
现金与短期投资 / 百万元	357366	371040	265857	199943	145653
运营资本 / 百万元	299062	257638	170864	118503	116231
总资产 / 百万元	876854	858661	665792	505225	443634
总借款 / 百万元	141811	112162	69941	39925	44799
所有者权益 / 百万元	330408	295537	233065	175616	140133
资产负债率 /%	62.3%	65.6%	65.0%	65.2%	68.4%

下面我就对本节的内容做一个简单的总结。对一个企业的盈利能力进行分析，我们主要看几个指标。第一，它营业收入的增长情况。营业收入的增长一定不要忽高忽低，营业收入增长情况忽高忽低的企业一定有问题。那么在营业收入增长的同时，如果企业的成本费用控制得好，营业利润就会以同比的速度增长。经营活动现金流的增长速度应该跟营业利润的增长

速度差不了多少。三个指标長好比较接近。这样的企业是怎样的企业？就是我的收入、我的利润和我的现金流都比较稳定，而且在稳定增长。我们在制定财务战略的时候，就应该围绕着这几个指标来进行。

　　下一节我们来看，企业盈利能力的分析。

企业盈利能力分析

这一节我给大家讲一下企业盈利能力的分析。

我们要说的第一个指标叫毛利率，毛利率 = 毛利 / 营业收入。从理论上来讲，毛利率越高，企业的净利率就越高。如果你的毛利率很低，那你肯定没办法实现很高的净利率，除非你通过投资收益和营业外收入来调节你的报表。所以我们在投一个项目的时候，这个项目的毛利率很重要。

我们要看的第二个指标是净利率，净利率 = 净利润 / 营业收入，我国上市公司的净利率平均能够达到 10% 就已经很好了。

我们要看的第三个指标是总资产净利率，总资产净利率 = 净利润 / 总资产，它反映的是我投了 100 元的资产，到底能够挣多少钱回来。这里的总资产当中也包括债务性资产，这个数字能达到 10% 就已经是不错的水平了。

我们要看的第四个指标是净资产收益率，净资产收益率 = 净利润 / 所有者权益，它反映的是股东投 100 元到底能挣回多少钱。那么按照优质的上市公司来讲，净资产收益率达到 20% 其实就已经是很高的水平了。

所以我们投资项目的时候千万不要盲目跟风，被别人口中成倍成倍增长的言论蒙蔽，等你真正去做的时候你会发现，随着时间的推移，你的净利润一定是越来越薄的，它一定会日渐趋于社会的平均水平。当然，如果管理得好，数据可以稍微高一点。同样是做电器的，格力电器的净利率可以达到 13%，海尔智家就只有 3% 左右。

下面我们来看一下格力电器的盈利能力情况（见表 3-2）。

表 3-2　格力电器盈利能力分析（2016—2020 年）

单位：%

指标	数据时间				
	2020 年	2019 年	2018 年	2017 年	2016 年
毛利率	26.14	27.58	30.23	32.86	32.70
净利率	13.25	12.53	13.31	15.18	14.37
总资产净利率（加权）	7.93	9.30	11.32	11.33	9.05
净资产收益率（加权）	18.83	25.72	33.36	37.44	30.44
净资产收益率（扣非 / 加权）	17.27	25.17	32.56	35.38	30.77

注：上表数据来源于东方财富网。

我们先来看一下毛利率，2020 年是 26.14%，2019 年是 27.58%，2018 年是 30.23%，2017 年是 32.86%，2016 年是 32.70%。5 年期间格力电器的

毛利率是一直在下降的，从 32.70% 降到了 26.14%。

看一下净利率。格力电器净利率水平最好的一年是 2017 年，是 15.18%，2020 年是 13.25%。

再看一下总资产净利率。格力电器的总资产净利率最高的时候是 2017 年，达到了 11.33%。大家会发现，像格力电器这样的顶级企业，资产质量那么好，最好也就能达到 11.33% 的水平，不好的时候只有 7.93%。但我们说，7.93% 这样的数据相对很多企业来说，也已经是很高的数值了。

净资产收益率方面，格力电器最好的时候，也就是 2017 年，达到了 37.44%。也就是你投 100 元给格力电器，格力电器能给你挣 37.44 元。而这个数据在 2020 年的时候降到了 18.88%。所以你看，头部企业随着时间的推移，指标数据也都在逐渐稀释。

再看看腾讯几个衡量盈利能力的指标（见表 3-3）。腾讯 2015 年的营业收入是 1028.63 亿元，2020 年是 4820.64 亿元。腾讯的毛利率在 2015 年的时候是 59.53%，2020 年的时候是 45.95%。所以对于腾讯来讲，它的毛利率是非常高的，最低的 2019 年也达到了 44.40% 的水平。腾讯的净利率始终是在增长的，2020 年腾讯产生 100 元的营业收入，可以净赚 33.22 元。那么腾讯的资产总体的回报水平是什么样的？从 2015 年到 2020 年，最好的一年是 2017 年，达到了 15.05%；最差的一年是 2019 年，是 11.12%；那么 2020 年的水平是 13.98%。所以我前面一直强调，头部企业的经营效益是非常好的。论总资产净利率，一般的企业达到 6%~7% 就不错了，比较好的企业也就 10% 的水平，腾讯的数据是好于我所谓的比较好的企业的。我们再来看，作为一个腾讯的股东，你投 100 元，腾讯能给你挣多少钱？在 2015 年的时候能给你挣 28.80 元，到了 2020 年可以给你挣 28.13 元，那么最好的一年是 2017 年，可以挣 33.21 元。所以从 2015 年到 2020 年，如果不考虑股价的问题，股东的回报率其实基本上是持平的。

所以腾讯这家企业报表指标真的是非常好，为什么？因为它均衡。你看它毛利率的变化水平、净利率的变化水平都不是很大。所以一家企业的估值为什么高？有一个主要的原因就是它的各项指标都相对比较稳定。

表 3-3　腾讯盈利能力指标分析（2015—2020 年）

指标	数据时间					
	2020 年	2019 年	2018 年	2017 年	2016 年	2015 年
营业收入 / 亿元	4820.64	3772.89	3126.94	2377.60	1519.38	1028.63
毛利润 / 万元	2215.32	1675.33	1421.20	1169.25	844.99	612.32
净利润 / 亿元	1601.25	958.88	799.84	724.71	414.47	291.08
毛利率 /%	45.95	44.40	45.45	49.18	55.61	59.53
净利率 /%	33.22	25.42	25.58	30.48	27.28	28.30
总资产净利率 /%	13.98	11.12	12.32	15.05	11.70	12.05
平均净资产收益率 /%	28.13	24.68	27.16	33.21	27.89	28.80

注：表 3-3 数据来源于东方财富网。

下面我来对本节的内容做一个简单的总结。对企业做盈利能力的分析，要盯着的第一个指标是毛利率，第二个指标是净利率，第三个指标是总资产净利率，第四个指标是平均净资产收益率。

下一节我来讲，企业运营能力的分析。

企业运营能力分析

这一节我来讲一下企业运营能力的规划。那么首先给大家介绍几个关于运营能力分析的财务指标。

第一个是总资产周转天数，它反映的是企业总资产周转一次需要的时间。举一个简单的例子，如果你公司的资产总额是 100 亿元，你一年的营业收入是 100 亿元，那相当于你的总资产周转一次需要一年。

第二个指标是应收账款周转天数。如果你的应收账款周转天数是 90 天，那就意味着，从你开始销售商品到能够收回钱的时间是 90 天。如果你的应收账款是 10 亿元，那你被别人占用的资金相当于 10 亿元在 90 天内产生的利息。如果按年利率 6% 计算，一年是 6000 万元。我们用 6000 万元除以 12 个月，再乘以 3 个月，就得到了被占用的金额。所以应收账款周转天数越少，企业的应收账款周转率就越高。

第三个指标是存货周转天数，它反映的是我们从购买材料一直到把商品销售出去，需要多少天。存货周转天数越短，意味着企业的存货周转率越高。除非你做的是跨年的工程项目，或者你的项目是订单性质，否则存货周转天数越长，你的企业死得就越快。为什么？因为你的存货周转率太低了，这就像我们平常吃饭，你一直都不消化，你的肠胃一定是有问题的。

第四个指标是应付账款周转天数，在一般情况下这个指标较高反而较好，但也不能太长。假如说，你的应付账款周转天数是 120 天，那就意味着其实你可以压别人 4 个月的钱，你要是压上 100 亿元，那就等于你免费使用了 100 亿元整整 4 个月，不用花 1 分钱的利息。所以很多大型企业都在通过应付账款或者是预收款项，来使自己能够使用不需要支付利息的资金。当然也有企业不这样做，但特别特别少，做强了但不压供应商的钱的企业，是寥寥无几的。

第五个指标叫现金周转天数，现金周转天数 = 应收账款周转天数 + 存货周转天数 – 应付账款周转天数。假如说你的应收账款周转天数是 60 天，存货周转天数是 30 天，应付账款周转天数是 120 天，那现金周转天数就是 –30 天。就意味着，我通过压别人的付款，也能把业务转起来，空手套白狼。但如果你的应收账款周转天数是 60 天，存货周转天数是 30 天，应付账款周转天数也是 30 天，你的现金周转天数就是 60 天。60 天是什么概念？如果你一天需要花掉 1 亿元，那你账上必须存 60 亿元，你才能够维持基本的周转。所以对一个企业来讲，周转效率越高，那么企业的盈利性就越好。

下面我们看一下格力电器的营运能力指标（见表 3-4）。

表 3-4　格力电器营运能力指标分析（2015—2020 年）

指标	数据时间					
	2020 年	2019 年	2018 年	2017 年	2016 年	2015 年
总资产周转天数	593.50	479.60	419.50	476.80	562.40	569.10
存货周转天数	75.29	55.31	47.63	46.27	45.69	49.28
应收账款周转天数	18.46	47.35	74.21	86.01	84.01	130.60

注：数据来源于东方财富网。

我们来看一下总资产周转天数，2015 年是 569.10 天，2020 年是 593.50 天，那么从 2015 年到 2020 年这 6 年的时间，总资产周转天数最低是 2018 年的 419.50 天。从中我们会发现一个规律，就是企业的盘子越大，它的总资产周转天数就越多，体量太大了，总资产的周转必然是比较慢的。

我们再来看格力电器的存货周转天数，2015 年的时候是 49.28 天，2020 年的时候是 75.29 天，在 2015—2020 年这 6 年的时间里，存货周转天数最低是 2016 年的 45.69 天。格力电器的存货周转天数是增加的，所以格力电器其实应该抓一抓存货周转效率了。比如说，从 2019 年到 2020 年，其存货周转天数就增加了 20 天左右。不过总体而言，格力电器在 2015—2020 年的营运情况还是不错的。

那么我们再来看应收账款周转天数，格力电器其实做得最好的就是应收账款管理。这跟董明珠是搞销售出身有关，我们说一个人的职业基因决定了其某些方面的管理优势。假如说有一天我去做了一家企业，大家觉得我哪一点应该管得最好？那一定是财务管理做得最好、财务战略做得最好、财务风险做得最好。为什么？因为财务是我最擅长的。那我最弱的可能是什么？就是销售，因为我没干过这件事情。一个人的经历决定了一个人怎么去思考问题，一个人怎么去思考问题决定了他做事情的结果会是什么样的。

格力电器的应收账款周转天数从 2015 年的 130.6 天降到了 2020 年的 18.46 天，这也就是格力电器为什么账面上能有那么多现金的主要原因，因为它 18.46 天就可以把应收账款变成现金。

下面我们来看一下格力电器、美的集团、海尔智家营运能力的对比，我们来看一下截至 2020 年 12 月 31 日的数据（见表 3-5）。

表 3-5　格力电器、美的集团、海尔智家营运能力对比分析
（2020 年 12 月 31 日）

单位：天

指标	企业		
	格力电器	美的集团	海尔智家
总资产周转天数	593.50	417.30	335.50
存货周转天数	75.29	53.72	70.40
应收账款周转天数	18.46	32.75	47.23

注：数据来源于东方财富网。

总资产周转天数方面，格力电器是 593.50 天，美的集团是 417.30 天，海尔智家是 335.50 天，所以从总资产周转天数来讲的话，海尔智家是最少的，

这和它营业收入也最少有关系。从总资产的周转效率来讲，美的集团的盘子是比格力电器大的，但美的集团的总资产周转天数情况要好于格力电器。

我们再来看存货周转天数，格力电器是 75.29 天，美的集团是 53.72 天，海尔智家是 70.40 天。所以这 3 家对比来讲，美的集团的存货管理是 3 家企业中最好的，更何况美的集团的盘子还是最大的。每家企业在管理上都有它的突出点，格力电器做得最好的是应收账款管理，美的集团做得最好的是存货管理。

在应收账款周转天数方面，格力电器是 18.46 天，美的集团是 32.75 天，海尔智家是 47.23 天。其实在应收账款的管理上，海尔智家是最差的一家，而美的集团的应收账款周转天数在合理范围内。因为有的平台是一个月结一次账，从提出结款申请，到财务审批付款，的确需要一个月左右的时间。

下面我来对本节的内容做一个简单的总结。我们说人类发明了那么多工具，其实无非是为了提高效率，因为有效率才会有效益。你的企业资产效率提高了，效益自然会提升。所以关于企业运营能力方面，我们必须关注几个指标：第一是总资产周转天数，第二是应收账款周转天数，第三是存货周转天数，第四是应付账款周转天数，最后我们还要关注一个值，叫现金周转天数。

下一节我来讲一下，企业偿债能力的分析。

企业偿债能力分析

这一节我来讲一下企业偿债能力分析。首先给大家介绍几个关于偿债能力分析的财务指标。

第一个是资产负债率，资产负债率 = 总负债 / 总资产。每个行业的平均资产负债率不同，所以我仜不要在不同行业的企业之间进行资产负债率的比较，因为可比性比较差。在通常情况下，银行的资产负债率可以达到90%的水平，施工型企业大概要达到80%以上的水平，房地产行业平均也在80%左右，制造型企业平均是在40%~60%的水平。一般情况下，对一个企业来讲，资产负债率越低，企业的风险就越小。

第二个指标叫权益乘数．权益乘数 = 总资产 / 所有者权益，它反映的是企业财务杠杆到底有多高。举一个简单的例子，股东就投了1元，但却管理了 10 元的资产，那就意味着权益乘数是 10 倍。所以权益乘数越高，企业的风险就越大。

第三个指标叫产权比率，产权比率 = 总负债 / 所有者权益，它反映的是企业的资产结构当中股东拥有多少、债权人拥有多少。假如说产权比率是 1，那就意味着如若公司的总资产是 2 元，股东拥有 1 元，债权人拥有 1 元。当股东拥有 1 元，而总负债却有 5 元的时候，那产权比率就等于 5，意味着我用 1 元去借了 5 元，从而形成了我 6 元的总资产，结果我的杠杆倍率变成了 5 倍——这个企业的杠杆实在是太高了。

综合这三个主要的指标，我们会发现，无论是资产负债率、权益乘数还是产权比率，几乎都由总资产、总负债、所有者权益这三个指标计算得出，所以如果这三个指标相对比较均衡，企业的整体风险就比较小。

那么我们再来看一下关于流动性的指标。

第一个叫流动比率，流动比率 = 流动资产 / 流动负债。我们说了流动资产是企业一年之内可以变成钱的资产，流动负债是企业一年之内需要还的债务，假如企业的流动负债是 1 亿元，流动资产是 2 亿元，就意味着我欠人家 1 亿元，但我有价值 2 亿元的可以迅速变成钱的资产拿来还账，所以我的流动比率就是 2，我的短期偿债风险相对比较低。通常制造型企业流动比率平均在 2 的水平，就是我欠你 1 元，但我有 2 元可以迅速变现的资产来还你。

其实在流动资产当中还有一些不能及时变现的，比如说我们的存货，所以我们在用流动比率分析企业短期偿债能力方面，是有不足之处的，是比较粗线条的，于是就出现了新的衡量指标。

第二个叫速动比率，速动比率 = 企业的速动资产 / 流动负债。这个速动资产就是指，可以快速变成钱的资产，主要包括我们的货币资金，我们的短期可以变现的有价证券，还有我们的应收账款，它把不能在短期内变现的，比如存货和一些其他内容给扣除掉了。

在通常情况下，速动比率大于1。为什么？我借人家的钱要及时还给人家，我要是没钱还，谁也不会借钱给我。所以当速动比率等于1，就意味着我欠人家1亿元，我也有1亿元可以迅速变成钱的资产来还账。

我们要说的第三个比率，是所有偿债能力分析指标当中，我认为最能体现企业核心偿债能力的一个，叫现金流量比率。现金流量比率 = 企业的经营活动现金流 / 流动负债。比如说，我欠你流动负债2亿元，而我每年经营活动产生的现金流是2亿元，那就意味着我可以用我自己挣的钱还账，我不用去变卖我的资产。这就好比你借了别人100万元，你一年的收入是200万元，那你用你自己一年挣的钱去还你100万元的债务，那肯定没有问题。

我身边发生过这样一件事，这是很多年前的事情了，我的两个朋友之间发生了一笔借贷。我曾劝借钱的那位朋友说："你不要借钱给他了，我们三个很要好，我们可以在一起吃吃喝喝玩玩，这没问题，但你不要借钱给他，你借给他的风险很大。"他说："没事，你看我就借给他1000万元，他有好几亿元的资产，有一栋楼。我都找人评估过了，一层写字楼怎么也值个1亿多元了，我借给他1000万元不算什么。他之所以找我借钱，是因为外面借钱利息太高，那我就当帮朋友忙了。"我当时就叹了一口气，说："你已经借了对吗？"他说："嗯，我们合同都签完了，钱我也打给他了。"

后来这笔钱他真的没有要回来。我给他分析了一下要不回来的原因，他又抱怨我。我说："我当初说借钱给他有风险，你不听我的。"他说："你又没有给我解释到底哪里有风险。"我说："你钱都借给他了，我解释还有用吗？"他说："你到底是怎么判断借钱给他是有风险的？"我说："他以前是做贸易挣的钱、攒了家底，但现在做贸易行情不好，他就没有产生主营业务经营活动现金流的能力。他基本上是利用自己的资产做抵押，拆东墙补西墙地过日子。所以对于他来讲，能熬多久算多久。"他听完我的解释说："你说的是对的，确实是这个道理。"

所以一个企业最核心的能力，是它主营业务的赚钱能力，也就是它的经营活动现金流。我们说一个最差的例子。假如说我欠别人2亿元，我每年的经营活动现金流能够产生5000万元，那我4年就能把钱还给人家了。但如果我的主营业务没办法产生现金流，我靠拆东墙补西墙、靠卖自己的资产，我怎么可能还钱呢？所以一个企业实力强体现在它的主营业务有持续创造现金流的能力上。

下面我们来看一下格力电器的主要指标（见表 3-6）。

我们来看一下它的流动比率，2020 年的时候是 1.35，虽然没有到 2，但不代表它的短期偿债能力比较弱。我们要记住，分析指标时要在一个很长的时间段内与同行业的企业做比较，还要看这个企业的现金流数据。

那么速动比率，2020 年是 1.17，所以你看速动比率体现出格力电器的偿债能力了，是大于 1 的水平。

2020 年的现金流量比率是 0.12，就是我欠别人 1 元的债务，但我有 0.12 元的经营活动现金流作为支撑，所以你只要给我点时间，我靠自己的现金流就一定能够还账。大家会发现，2015 年格力电器的现金流量比率是 0.39，所以到了 2020 年的时候，它的现金流量比率其实是下降的。

资产负债率方面，格力电器 2015 年的时候是 69.96%，到了 2020 年的时候是 58.14%。所以从整体来看，从 2015 年到 2020 年，格力电器的资产负债率在下降。这是一个好的趋势。

2020 年格力电器的权益乘数是 2.39，产权比率是 1.41。这在行业当中都算是比较好的指标，而且这两个指标都是在逐年下降的——2015 年格力电器的权益乘数是 3.33，2020 年是 2.39；2015 年的产权比率是 2.38，2020 年是 1.41。我们看，随着时间的推移，格力电器股东的投入越来越多，企业的风险越来越小。

表 3-6　格力电器偿债能力分析（2015—2020 年）

指标	数据时间					
	2020 年	2019 年	2018 年	2017 年	2016 年	2015 年
流动比率	1.35	1.26	1.27	1.16	1.13	1.07
速动比率	1.17	1.12	1.14	1.05	1.06	0.99
现金流量比率	0.12	0.16	0.17	0.11	0.12	0.39
资产负债率 /%	58.14	60.40	63.10	68.91	69.88	69.96
权益乘数	2.39	2.53	2.71	3.22	3.32	3.33
产权比率	1.41	1.55	1.74	2.26	2.36	2.38

注：数据来源于东方财富网。

　　下面我来就本节的内容做一个简单的总结。在企业偿债能力分析当中有一个最为核心的指标，叫现金流量比率，它反映的是企业真正的实力，它体现了这样一个道理：用自己赚的钱还债才是最靠谱的。相对来讲，其他的指标只能反映结构性的问题。

　　下一节我来讲企业价值体系的分析。

企业价值体系分析

这一节我来讲一下企业价值体系的规划。在这里我给大家讲两个主要的财务指标。

第一个叫市盈率，市盈率 = 每股市价 / 每股盈余。

我们举一个简单的例子，一家企业每年税后的净利润是 10 亿元，这家企业有 10 亿股的股份，那么每股就是 1 元。如果市盈率是 20 倍，那这个时候的市价是 20 元；如果市价涨到 40 元，那市盈率就是 40 倍。市盈率这个指标能够说明什么？我们说，当市盈率是 20 倍的时候，就证明你是以 20 倍的溢价率购买了一家企业的股票。什么叫溢价率？就是我每股能给你挣 1 元，但是你却付了 20 元，相当于以 20 倍的价格购买。如果这家企业年年都分红，那你要 20 年才能够回本。所以市盈率越高，企业的风险就越大。

第二个叫市净率。那么什么叫市净率？市净率=每股市价/每股净资产。假如说，一家企业的所有者权益是 10 亿元，它有 10 亿股的股份，那每股的成本就是 1 元。如果这时候市净率是 1 倍，那就证明它 1 元的资产在资本市场上就值 1 元。那如果它的市净率是 2 倍，那就证明它 1 元的资产在市场上值 2 元。所以市净率越高，就代表企业在资本市场当中的估值越高。

下面我们来看一下格力电器的市值分析（见图 3-3）。2021 年 8 月 14 日，格力电器的股价是 46.52 元，这个时候它的市盈率是 20.32 倍。大家说这个 20 多倍的市盈率算不算高？相比之前格力电器的股价来说并不算高，因为之前格力电器的股价一度达到 70 元左右。市净率是 2.48 倍，就相当于格力电器 1 元的资产在资本市场当中被卖到了 2.48 元。所以如果大盘再往下跌的时候，格力电器的股价应该还会再跌一点，这样才算是比较合理的。这个时候格力电器的总市值是 2798.52 亿元。这是格力电器目前的一个价值情况。

格力电器	**46.52** ▼ -0.25 -0.53%	今开: 46.78	成交量: 3919.5万	振幅: 1.67%
000651		最高: 46.95	成交额: 18.17亿	换手: 0.66%
	涨停: 51.45 跌停: 42.09	最低: 46.17	总市值: 2798.52亿	市净率: 2.48
✚ 加入自选		昨收: 46.77	流通市值: 2776.52亿	市盈率(动): 20.32
	2021年8月14日 15:00:00			

图 3-3　格力电器的市值分析（2021 年 8 月 14 日）

那么我们再来看一下腾讯的价值分析（见图 3-4）。腾讯在 2021 年 8 月 13 日，市值是 4.51 万亿港元，市盈率是 21.01 倍。对于科技类的上市公司来讲，平均市盈率在 20 倍这个指标并不算特别高。像腾讯和阿里巴巴的市盈率都曾经飙升到将近 50 倍的水平，现在这两家公司的股价都已经跌下来了。市净率是 5.01 倍。所以同样是 1 元的资产，我们会发现在资本市场当中，腾讯的要比格力电器的价格高很多。每股收益是 22.38 港元。

腾讯控股 00700.HK 单位：港元（2C21-08-13 16:08:03)				
今开：471.200	最高价：476.200	52周最高：773.900	成交量：2641.75万	外盘：1542.79万
昨收：482.000	最低价：461.400	52周最低：422.000	成交额：123.57亿	内盘：1098.96万
总股本：96.00亿	港股本：96.00亿	市净率：5.010	每股收益：22.38	股息率：0.34%
总市值：4.51万亿	港市值：4.51万亿	市盈率：21.010	每股净资产：93.892	换手率：0.28%

470.200 ↓
-11.800 -2.45%

图 3-4　腾讯的市值分析（2021 年 8 月 13 日）

再来看看阿里巴巴的市值情况（见图 3-5）。阿里巴巴 2021 年 8 月 13 日的市盈率是 22.19 倍，总市值是 4 万亿港元的水平。那么我们再来看，阿里巴巴的市净率是 3.38 倍，就是说阿里巴巴 1 元的资本在资本市场当中被卖到了 3.38 港元。所以阿里巴巴、腾讯和格力电器 3 家公司在资本市场当中，腾讯的估值是最高的。

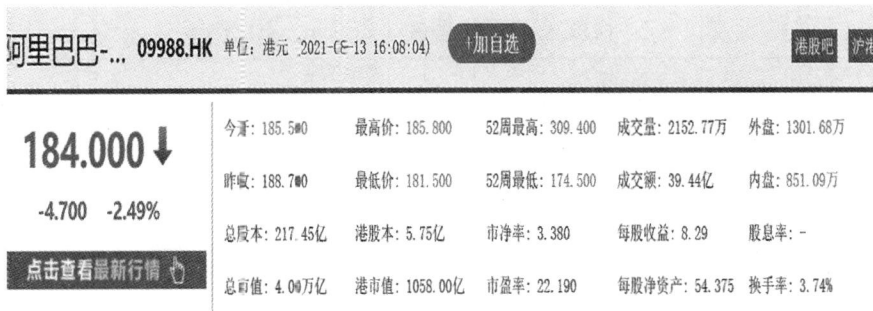

阿里巴巴-... 09988.HK 单位：港元 2021-C8-13 16:08:04)				
今开：185.500	最高价：185.800	52周最高：309.400	成交量：2152.77万	外盘：1301.68万
昨收：188.700	最低价：181.500	52周最低：174.500	成交额：39.44亿	内盘：851.09万
总股本：217.45亿	港股本：5.75亿	市净率：3.380	每股收益：8.29	股息率：-
总市值：4.00万亿	港市值：1058.00亿	市盈率：22.190	每股净资产：54.375	换手率：3.74%

184.000 ↓
-4.700 -2.49%

图 3-5　阿里巴巴的市值分析（2021 年 8 月 13 日）

我们再来看看百度的情况（见图 3-6）。2021 年 8 月 14 日，百度的市盈率是 7.91 倍，所以这时候百度的股价已经非常低了，152.45 美元。在 BAT 这 3 家企业当中，百度这几年的增长情况并不是很好，这是一个原因。百度在中国没有竞争对手，没有竞争对手就没有磨炼，容易沉溺于原先取得的成绩中走不出来，成长速度就必然会降下来。

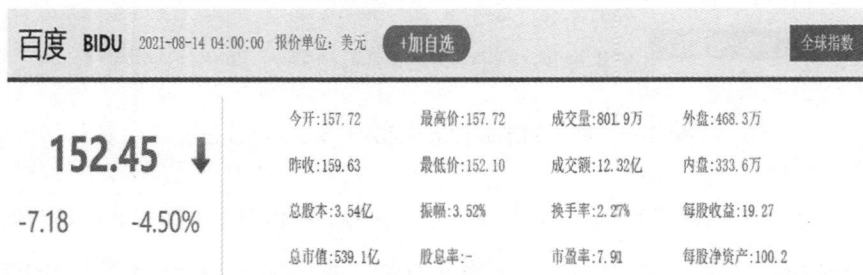

图 3-6　百度的市值分析（2021 年 8 月 14 日）

下面我们就分析一下百度这几年几个关键财务指标（见表 3-7）。

表 3-7　百度关键财务指标（2015—2020 年）

科目与指标	数据时间					
	2020 年	2019 年	2018 年	2017 年	2016 年	2015 年
营业收入 / 亿元	1071	1074	1023	848.10	705.50	663.80
营业收入增长率 /%	−0.32	5.02	20.60	20.21	6.28	35.33
毛利 / 亿元	519.20	445.60	505.30	417.50	352.70	389.20
毛利增长率 /%	16.50	−11.81	21.05	18.36	−9.38	29.03
归母净利润 / 亿元	224.70	20.57	275.70	183	116.30	336.60
归母净利润增长率 /%	992.46	−92.54	50.66	57.33	−65.45	155.09
基本每股收益 / 元	65.54	5.68	78.64	52.75	31.95	95.46
稀释每股收益 / 元	64.98	5.60	78.03	52.41	31.86	95.15

续表

科目与指标	数据时间					
	2020 年	2019 年	2018 年	2017 年	2016 年	2015 年
毛利率 /%	48.49	41.49	49.41	49.22	50	58.64
净利率 /%	17.77	-2.13	22.08	21.56	16.44	48.86

注：上表数据来源于东方财富网。

我们看 2015 年百度的净利率还可以，能达到 48.86% 的水平；但是到了 2020 年就只有 17.77%；2019 年净利率 -2.13%，所以 BAT 这 3 家企业中近几年唯一一个出现亏损的企业就是百度；2018 年是 22.08%；2017 年的时候是 21.56%；2016 年是 16.44%——这个时候，魏则西事件发生了，从以上这组数据可以看出，这是百度净利率下跌的关键期。净利率不高，所以它的估值情况自然不太好。

那么毛利率的情况，2015 年的时候是 58.64% 的水平，2016 年是 50%，2017 年是 49.22%，2018 年是 49.41%，2019 年是 41.49%，2020 年是 48.49%。所以从 2015 年到 2020 年，我们会发现，百度的毛利率也是逐渐下降的。

那我们再来看一下百度的营业收入增长水平。在 2015 年的时候，它的营业收入增长率是 35.33%，到了 2016 年就降到了 6.28%，2017 年是 20.21%，2018 年是 20.60%，2019 年是 5.02%，2020 年是 -0.32%。

所以你看：一家企业没有竞争对手，其实也是挺惨的；当然，有对手也挺惨的。没有一家企业的日子会永远好过，我们只能在不好过的日子里过好自己的日子。

分析完百度，我们再来看看百度的竞争对手谷歌（见图3-7）。

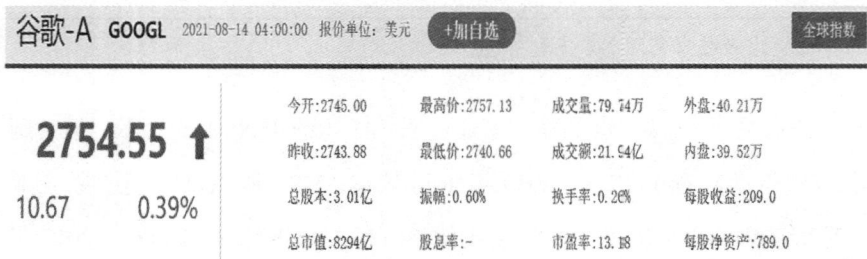

谷歌-A GOOGL	2021-08-14 04:00:00 报价单位：美元 +加自选		全球指数

2754.55 ↑
10.67   0.39%

今开：2745.00	最高价：2757.13	成交量：79.74万	外盘：40.21万
昨收：2743.88	最低价：2740.66	成交额：21.54亿	内盘：39.52万
总股本：3.01亿	振幅：0.60%	换手率：0.26%	每股收益：209.0
总市值：8294亿	股息率：-	市盈率：13.18	每股净资产：789.0

图3-7　谷歌市值分析（2021年8月14日）

谷歌2021年8月14日的每股净资产是789美元，股价是2754.55美元。谷歌的市盈率是13.18倍，也就是说，谷歌对比我们中国的腾讯、阿里巴巴来讲，那它的市盈率水平其实还是比较低的，因为腾讯和阿里巴巴都是20多倍。

下面我们来看一下谷歌这几年的年报（见表3-8）。

表3-8 谷歌关键财务数据（2015—2020年）

科目与指标	数据时间					
	2020年	2019年	2018年	2017年	2016年	2015年
营业收入／亿美元	1825	1619	1368	1109	902.70	749.90
营业收入增长率／%	12.77	18.30	23.42	22.80	20.38	13.62
毛利／亿美元	978	899.60	772.70	652.70	551.30	468.30
毛利增长率／%	8.71	16.42	18.38	18.39	17.74	16.16
归母净利润／亿美元	402.70	343.40	307.40	126.60	194.80	158.30
归母净利润增长率／%	17.26	11.74	142.74	−34.99	23.08	11.96
基本每股收益／美元	59.15	49.59	44.22	18.27	28.32	24.63
稀释每股收益／美元	58.61	49.16	43.70	18	27.85	24.34
毛利率／%	53.58	55.58	56.48	58.88	61.08	62.44
净利率／%	22.06	21.22	22.46	11.42	21.58	21.80

注：上表数据来源于东方财富网。

我们看谷歌 2015 年的净利率是 21.80%，2016 年是 21.58%，2017 年是 11.42%，2018 年是 22.46%，2019 年是 21.22%，2020 年是 22.06%。我们会发现，谷歌从 2015 年到 2020 年，它的净利率的水平基本没什么变化。当然 2017 年比较低，这个低其实跟它的主营业务没什么关系，是因为受到政策性的影响，谷歌缴了很多税，所以谷歌当年的净利润突然就降下来了。

我们再分析谷歌的毛利率，2015 年是 62.44%，2016 年是 61.08%，2017 年是 58.88%，2018 年是 56.48%，2019 年是 55.58%，2020 年是 53.58%。这也是一组非常稳定的数字。

我们发现，谷歌的毛利率和净利率水平都是非常稳定的，所以它的估值也就特别稳定。

我们再来看谷歌的营业收入增长水平。谷歌不是一个爆发式增长的企业，2015 年它的营业收入增长率是 13.62%，2016 年是 20.38%，2017 年是 22.80%，2018 年是 23.42%，2019 年是 18.30%，2020 年是 12.77%。所以我们看，谷歌的营业收入增长水平其实介于 12% 到 24% 之间的水平，这个数据还没有达到过 30% 这样的一个高水平。所以它的增长速度比起我们国内的互联网企业，是非常慢的。为什么？这是因为美国的经济发展比较成熟，这几年美国 GDP 增长也比较慢。但中国是一个发展中国家，经济高速增长，所以我们的企业，尤其是大型的企业，其增长速度必然跟国家经济的增长速度同步。

分析了格力电器、腾讯、阿里巴巴、百度、谷歌，我们会发现，其实谷歌的估值严格来讲并不是很高。

下面我来对本节的内容做一个简单的总结。持续稳定的盈利能力其实是提升企业估值最好的利器，如果企业的营业收入增长率、毛利率、净利率上蹿下跳，而且主营业务又不够突出，那么估值必然会降下来的。

下一章我来讲全面预算管理。

（04）

全面预算管理
全流程详解

通过预算能解决哪些问题？

下面我来讲一下，通过预算我们能够解决哪些问题。

首先我们来看图 4-1。其实预算管理主要体现在两个字上，这两个字就是"平衡"。

第一个平衡是，平衡战略与目标分解、计划与资源配置，这是纵向的平衡。

第二个平衡是，平衡员工激励、评价与适应，这是横向的平衡。

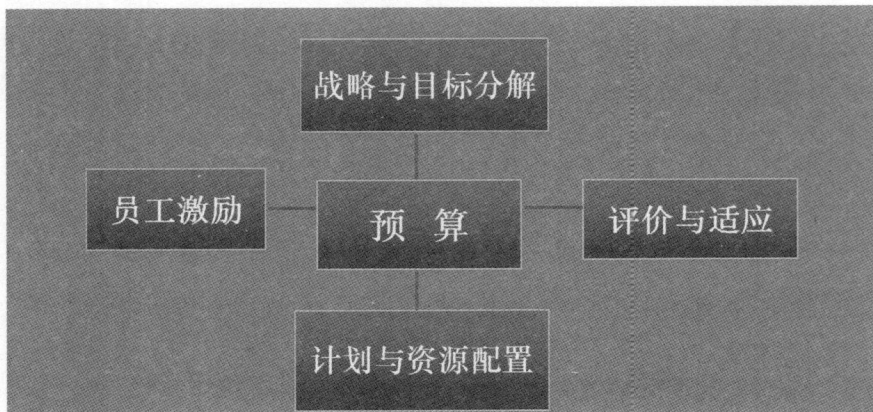

图 4-1　预算的平衡关系

所以管理是一个多维度的问题，如果你想通过全面预算去解决企业所有的问题，这是不现实的。全面预算是管理的前端，内控是管理的终端，而绩效考核是管理的后端，三者缺一不可。我们通过全面预算对战略目标进行分解，对资源进行配置，同时也要平衡好员工的利益关系——因为所有的活都是员工干出来的，如果你不能最大限度地满足员工的利益，企业也是做不好的。

下面我们看一下全面预算管理的作用。

全面预算管理是公司战略执行的有效工具，业务流程的行为规范，公司所有分子公司和部门具体可行的努力目标。所以全面预算管理的主要作用，是在公司上下形成一定的规范。

全面预算管理也是事前、事中、事后控制的有效工具，它便于管理层在流程中控制和监督业务的执行情况，及时发现执行当中存在的偏差，并确定偏差的大小。所以全面预算管理是执行流程中进行管理监控的基准和参考，它是绩效管理的依据。

我们预算的指标一定要跟绩效考核的指标、财务的指标一致，如果三个口径不一致，年底就一定会产生矛盾。所以预算也是分子公司和部门绩效考核的基础和比较对象，所以也是资源合理配置的手段。

对于影响企业赢亏的重要收支项目，我们完全可以通过全面预算来进行提前规划和处置。有计划那是人在推事，没有计划是事在推人。

下面我来对本节的内容做一个简单的总结，其实预算管理就是一个平衡的管理，纵向平衡的是战略与目标的分解、计划与资源的配置，横向平衡的是员工激励、评价与适应。只有你将这些关系平衡好了，大家才会愿意努力工作干活。所以你会发现，任何一家优秀的企业，一定有一个共同点，就是在分钱上特别舍得。

下一节我们讲预算的编制方法及流程。

预算的编制方法及流程

我们很多人都非常熟悉 SWOT 分析法，SWOT 是对一个企业优势、劣势、机遇和风险的分析。其实 SWOT 分析法也是战略制定的主要工具。

其实我们在做预算前一定要先制定战略，很多公司并没有制定公司的战略，却直接开始做预算，所以预算就做得相对粗糙，最后也没办法指导工作。我前面曾经给大家讲过，战略是你想要什么、战术是如何得到你想要的，而全面预算其实就是战略和战术的具体表达。

那么做 SWOT 分析，我们一定要看两个内容，第一个就是我们外部的环境，主要看行业和外部的大事，如果这个行业整体是在走下坡路了、已经不行了、该被淘汰或者是被替代了，可你还继续投钱下去，那你的投资一定会失败。举个例子，柯达倒闭的时候，它的胶卷还是全世界最好的，但可惜的是人们已经不需要蓑衣了。所以审时度势才是经营管理和战略制定当中最重要的一个要素。

第二个，看完了外部环境你还得看内部，你自己拥有的资源、你的能力、你的队伍是否足以支持这样的战略发展目标。你想每年以100%的速度去成长，一般来说不太可能，能增长30%就已经很好了。但有的企业却可以办到，所以要具体看你的资源、能力和队伍情况。

当你的战略增长目标确定了，你的战略方向确定了，你还要确定具体每一步该怎么干。具体到我们的年度预算上，要注意这么几个点。

第一个，营业收入增长的合理性。

第二个，净利润的合理性。

第三个，资产结构的合理性。

第四个，运营效率的合理性。

所以当你把这些指标制定完成了以后，那你年度预算的大方向就自然定下来了。

比如说，净利率定每年10%，去年的营业收入是10亿元，那在今年营业收入不增长的情况下，至少要定1亿元的净利润指标。如若营业收入增长率达到了 20%，那今年的营业收入就有 12 亿元，那利润就是 1.2 亿元的水平。

把这些大的目标确定了，为了鼓励员工能够积极把这些目标实现，你还必须制定你的预算分配与奖惩制度。要知道一家公司没有奖惩制度，其实是不负责任的，因为员工干得好、干不好都是一个样，员工自然不会好好干活。公司有很多这样的人。所以公司的奖罚必须分明，而且公正无私。所以在具体管理上，预算其实是我们资源合理配置的一种手段。

预算是整合企业实物流、资金流、信息流和人力资源流，使其要求相一致的经营指标体系，主要是以价值指标体系为主体、以收入利润绩效为目标、以资金流量为纽带、以成本费用控制为重点、以责任报告信息为基础、以经营财务预算指标为依据的一种企业管理模式。其实说白了，我们做预算，就是要围绕着我们实物的流动、资金的流动、信息的流动、人力资源的流动，来形成我们自己的财务结果。

我们知道，企业都是要追求利润的。但我也说过，有利润并不等于有钱，你的利润可能会被你的应收账款、你的存货或者是被你失败的投资给吞掉了，所以关键要盯着什么？现金流。不能说折腾了一年以后，公司账面上的钱比原来还少了很多，虽然利润表体现出挣了 2 亿元，但其实 1 毛钱都要不回来，都被别人给压了。为了能继续经营下去，还得去银行借款，赔上了利息。那你说你不是白干吗？很多企业都在干这么蠢的事情，所以一定要盯着现金流，通过预算的方式，预估能够流入多少、流出多少、最后能剩下多少，这才是我们做预算的终极目标。

下面我来对本节的内容做一个简单的总结，本节的主要内容大家可以参考一下图4-2。我们要先定战略，然后再做预算，这样的话你才不会盲目。而且预算一定得是能够实现的目标，这样的预算才是有意义的，如果你做预算的时候定的目标是大家都做不到的，你的预算就白做了。

下一节我来给大家讲一下预算与绩效考核的融合。

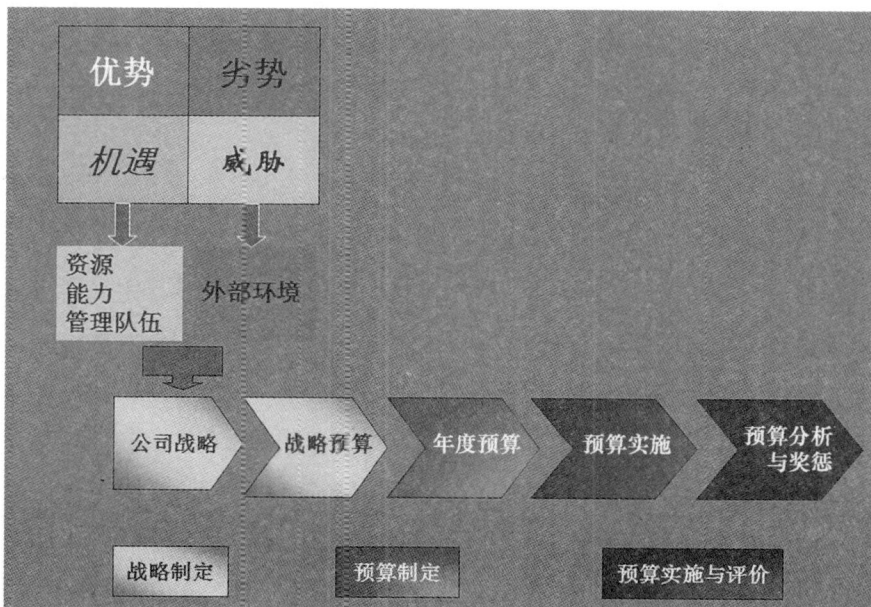

图4-2　公司战略有效执行的工具

预算与绩效考核的融合

这一节我来讲一下预算与绩效考核的融合。

其实在做预算之前，我们会先召开一个动员大会，布置一下工作。但是在做工作前，我们要提前做一些预算报表。每家企业的预算报表其实是不一样的，所以经常有同学跟我说："老师，你能不能发一些预算报表给我？"我回答说："可以，我可以发一些给你参考，但是你要根据你自己公司的业务情况来进行修改。表格结构上大家都大同小异，但具体的业务每家一定是不同的。"

在预算与考核融合的过程当中，其实比较难的一项是定业绩指标：如果领导定的业绩指标过高，底下的人做不到，自然就没什么积极性；如果这个指标定得太低，底下的人随随便便就能够实现，那很多人也不愿意去努力。所以定目标是很有学问的。那在这个环节当中我们应该怎么样做呢？

在通常情况下，由部门或子公司做上年业绩总结和下年业绩预期。但也有很多大的集团公司是由上面来做业绩指标的。这是为什么？因为集团公司为了实现整体的战略目标，就必须管控住下边的子公司，使其能够按照自己的预期去成长和发展，所以会压一个业绩指标下来方便管理。如果哪个公司碰上了一个强势的老板，就更是如此。所以很多公司的预算是两张皮，你上边说你的，我底下干我的，反正你不能把所有的人都"干掉"是吧？

所以做预算，你要是不把绩效考核体系连带给做了，是没有用的。所以其实最好的方式是让底下先报，如果他们报的目标就是你想要的，那当然最好；如果他们报的不是你想要的，报得太低，你们可以慢慢谈。如此可以化解管理矛盾，如若一个团队之间长期有矛盾，后果将不堪设想：底下的人心里有气，他可能就不会给你好好干；你把他裁掉了，换了一批新人，光认识磨合就要几个月，除非你有一大堆合适的人随时可以上岗；如果这个岗位是不可替代的，麻烦就更大了。所以你不如就让他按照他自己的想法去做，只要他的目标跟你的目标是一致的就可以了。你要做的，是在旁边鼓励他、支持他，让他朝着你的目标努力。

这是预算管理当中最难做的一点，其他的好做，表格项目都是死的、可以学会的、可以解释明白的。当部门经理跟集团高管、当分公司跟母公司对目标在理解上一致了，那做表就容易了。底下报、上面审，然后交给财务来做汇总，最后来进行预算制度的下发和指导。整个过程可以参考图 4-3。

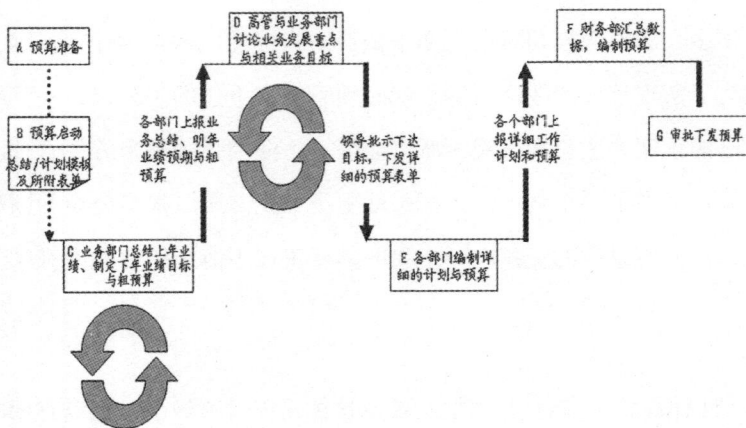

图 4-3　预算管理全流程

　　所以在整个预算管理的过程当中，财务人员主要起到了牵头和协调的作用。很多公司都把预算认定为财务部的事，甚至财务人员自己都觉得预算是自己的任务，我认为他们都错了。财务只能是牵头和汇总，财务不能给下边定目标，一定是自己定目标、自己努力实现目标，而且这个目标必须是符合公司战略的。

　　预算做完了，我们接下来就可以来制订具体可以执行的计划了。你要知道，做预算只是一个口头上的数字游戏，但做计划是一个什么？实实在在要干的一个方案。大家可以参考一下图 4-4。

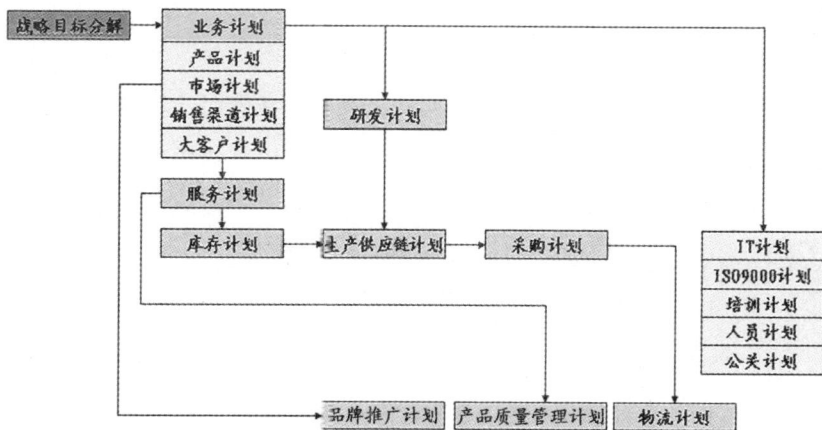

图 4-4　计划分解全流程

　　所以我们应该先从业务计划开始，做产品计划、市场计划、销售渠道计划、大客户计划，以及公司的服务计划、库存计划、研发计划、生产供应链计划、采购计划等；做得再细一点，我们的 IT 计划、ISO9000 计划、培训计划、人员计划、公关计划，都应该囊括在内，因为这些具体的方案，将会支持你预算目标的实现。

　　那么这些计划做完了，我还要再做几个补充。如果你的企业是大型集团公司，你还要做品牌推广计划、产品质量管理计划，以及物流计划，等等。所以做计划其实跟做预算是一个事物的两个方面，如果你只做了预算而没有计划，那你的目标是很难实现的。

　　有一次，我的一个朋友语气严肃地跟我说了一件事。他说："我最近几天不睡觉，终于想明白了一个问题：为什么我公司的员工想法都很好，但他们都没做老板，而我做了老板呢？现在我终于想明白了。"我说："你的答案是什么？"他说："无论有多难，我想到的我都做了，他们想到的却都没做。所以你看，我只不过是实实在在努力在做而已。你想了那么多件事，却一件也没有做，那你还不如不想。"所以既然想了，就把它列入计划，然后每天坚持做下去。只要你每天都做到了，你就会发现，每年的目标都实现了，你这一生所有想实现的目标都能够实现。

所以，我们这一节讲的是什么？定目标很重要，实现目标的方案更重要，当你这两个都有了，坚持就是取得胜利的法宝。

下一节我来讲一下预算的实施。

预算的实施与奖惩

这一节我给大家讲一下预算的组织与实施。

预算的组织实施是指，企业仅仅围绕资金收支两条线，将人财物、产供销各个环节疏而不漏全部纳入预算范围，并将预算编制后确定的目标层层分解到各分厂、车间、部门和处室。

在这里我们第一个要明确的是，我们进行预算的组织和实施的时候，要知道收的这条线怎么走、怎么管，支的这条线怎么走、怎么管。记住，在管理的过程当中，我们一定要收支两条线一起走，绝对不能把收和支相抵。假如说，一个企业的子公司一年的收入是 1 亿元，支出是 9000 万元，你直接收支相抵，是绝对错误的。这样的管理是存在漏洞的，将来是很容易丢钱的。

第二个，我们在预算实施的过程当中，要把目标分解到各工厂、车间、部门、处室，最后具体落实到每个人身上，要使每个员工都对预算充分了解，并真正担当起相应的成本控制责任。因为如果一个企业的员工对企业的目标没有概念，也并不了解这个预算是怎么做出来的、将来对我来说有什么影响、我实现了能怎么样、我不实现又能怎么样，那这个目标绝对实现不了。目标一定要清晰、一定要可量化、一定要让员工能够理解，最主要的是，让员工能够认同。

雷军讲过一件事。有一次雷军去海底捞吃火锅，服务员态度都超级好，都乐呵呵的。雷军就很难理解，觉得你一个月赚几千元，有什么好乐的呢？我赚这么多，还每天愁眉苦脸的。于是他就问海底捞的服务员："大姐，你为什么这么高兴？"结果这服务员大姐说："你看我一个下岗职工，一个找不着工作的人，来到海底捞一个月能拿4000多元，我上哪再去找这么好的工作呢？"你们看，这个员工就是因为充满了对海底捞的感激，所以她工作的时候都是乐呵呵的。

所以我们要想公司的目标能实现，必须让每个员工都对目标有责任感、认同感、接受感，如果每个人都能达到公司的要求，公司不赢利才怪。

其实制定预算目标的过程就是一个将预算目标层层分解的过程，预算就是一个对公司目标进行分解的工具，每个人都完成指标，那公司的战略目标就有实现的可能。所以我们将预算目标层层分解，落实到各个部门、各个单位、各个环节和各个岗位，这样就可以形成一个全方位的预算执行责任体系。

记住，责任这两个字很重要。如果大家都不愿意承担责任，没有目标是可以实现的。我曾经说过一句话，你的承担就是你的成就。有一个学生曾经跟我说："老师，你可不可以将成为一个优秀管理者的秘诀教给我，把你的管理能力教给我。"我说："管理能力不是教出来的，管理能力是你通过承担责任，并且不断实践，逐步磨炼出来的。"

第三个，我在前面一直在强调一个概念，就是一定要盯着现金流，所以记住，要通过收支两条线来实现对现金的控制，要按时记录预算资金的收入，要严格控制预算资金的支付，调节资金收支平衡，控制支付风险。那么我们要在公司的制度当中明确规定，预算内的一些事项如何处理，比如说，不超过预算的正常审批处理，那超过预算的怎么处理呢？超过多少钱谁批？一定要有一个明确的权利和责任的划分体系。

下面我来对本节的内容做一个简单的总结。其实人是被逼出来的，预算也是被逼出来的，只不过对员工别硬来，你要让员工感受到你对他的尊重，要让员工认同你让他们实现的目标。让他们从心里想去努力实现目标，而不是在心里抗拒目标。

下一节我来讲一下全面预算管理的组织保障。

全面预算管理的组织保障

这一节我来讲一下全面预算管理的组织保障。

保障组织体系运转的第一责任人是谁？就是企业的法人。企业法人的态度决定了事情能不能真正得到推进，因为公司的文化其实就是一把手的文化。我们经常会发现：这家公司的董事长喜欢打牌，大家都喜欢打牌；这家公司的董事长喜欢打麻将，大家就都喜欢打麻将；董事长喜欢打球，大家就都喜欢打球；董事长喜欢看书，那大家就都去学习了。所以管理说白了就四个字，叫"上行下效"。

除了介绍第一责任人是公司的法人，还要介绍一个重要的组织结构体系，叫预算管理委员会。如果公司的规模很大，预算管理委员会就是一个已经成形的组织体系。如果公司的规模很小，那就要从各个部门抽调人员上来——包括财务、销售、采购、生产、研发等各个主要部门的主要负责人，组成预算管理委员会。预算管理委员会主要是出主意和平衡矛盾的，大家协调起来共同定目标。可一旦有问题的时候，怎么平衡这些矛盾？在企业的财务管理部门当中，在预算的组织结构当中，我们的财务管理部门都承担哪些责任？它是在预算管理委员会的领导下，综合平衡、控制调整各个部门的预算草案，汇总各部门的预算，对所有的调整事项做出书面说明，并且报预算管理委员会，以确定公司的整体预算。

所以这个时候，财务负责人很重要。因为我们都知道，公司的董事长、总经理、各个部门的负责人多半不是搞财务出身的，所以你要搞一些特别专业的财务指标，他们多半听不懂。你要把这些指标都掰开了、揉碎了，说得通俗一点——让大家都能够理解。

比如说，你说今年的营业收入增长率不要超过 30%，超过了 30% 可能会出现资金链断裂，你要把这种可能性列示出来：定 30% 的营业收入增长率，就要扩大产能再投资，一旦投资尚未得到回报，市场又出现意想不到的问题，就可能面临亏损。

又比如说，你应该告诉公司的各个领导，应收账款周转天数如果超过了 40 天，那就意味着公司要室多少钱。所以应收账款周转天数必须控制在 30 天之内，企业才有利润。

再比如说：生产 A 产品，如果成本费用总额超过了每吨 2000 元，那就意味着会开始亏损；固定成本每年要花掉5亿元，如果按净利率10%计算，必须做到50亿元的营业收入才能赢利。

你要把这些值告诉他，要把每个值代表的具体含义以及可能引发的问题告诉他，这个值到多少的时候可能开始亏损，这个值到多少的时候才可以赢利，而不是仅仅告诉他特别专业的财务指标。

那么在实施全面预算管理的过程当中，关键的要素都有哪些呢？第一个是企业所属的基层单位，因为基层单位是主要的预算执行单位，它们要在企业的管理部门的指导下，负责本单位经营成果，以及各项成本费用预算的编制、控制、分析工作，接受企业管理部门的检查和考核。

所以基层单位的主要负责人要对本单位预算的执行情况承担责任，我们不要忽略基层单位的工作情况。你要知道，没有基层单位把各个指标落实了、把收入实现了、把产品生产好了、把成本费用控制好了，你所有的目标都是实现不了的。同时，很多问题其实都出在基层。所以我们实施预算管理，一定要让基层的人跟我们上面的人联动起来。

第二个是预算的编制与执行机构，就是我们的内部职能部门。其实在执行的过程当中，我们要知道对下边的监督考核是非常重要的，一定要让下面的人愿意接受上面的目标，并能够对自己的目标承担责任。

有一家企业制订了预算，可所有的人都实现不了预算目标。后来从下半年开始，就没多少人干活了，因为无论有没有好好干活，结果都是一样的。

到年底的时候，这家企业的财务总监就问老板，说："你看咱们公司没有一个实现目标的，今年年底的奖金是发还是不发？"好在他们公司还没亏损，如果亏损的话，就不涉及发奖金的问题了。最后老板长叹了一口气说："要不然这样，今年就这么着了，我们看看大家的基本表现情况，还像以前一样发个友情价。"

这就是混乱管理，所以很多人浑水摸鱼。在市场经济效益好的时候，这样的企业还能活着；但竞争激烈的时候，这样的企业一定是最先被淘汰的。我们记住一个逻辑，你的管理越精细，你抵抗风险的能力就越强。

那么我们要想实现全面预算管理，组织保障体系应该怎么设计？

第一是以市场为导向，我们做预算的时候千万不能闭门造车，要看市场的情况。如果现在整个市场都很低迷，那你预算指标就不能定得太高；如果现在整个行业全都在亏损，你将预算目标定为活下来是比较合适的，你只要保证你挣的现金流足够自己生存下去就行了；当整个市场行情开始变好的时候，你才可以定比较高的预算指标。

第二是以企业发展战略为目标。但我们要记得，企业跑太快了特别容易出问题，所以你要注意成长节奏，要不断调整你的发展战略。

第三是要以完善的组织结构、明确的职责分工和完善的业务流程作为基础。因为如果你的组织结构体系搭建得有问题，职责分工不明确，业务流程一塌糊涂、超级混乱，那你的预算目标也是实现不了的。

第四个是以健全的预算组织作为保障。

下面我来对本节的内容做一个简单的总结。我们要学会定预算管理目标，建立组织考核体系，然后在执行的过程当中不断地总结、总结再总结。在定目标的过程当中，一定要让对方或者是我们的基层执行单位找到认同感、接受感，以及执行的状态感。在总结的过程当中，发现问题并解决问题，而不是制造矛盾。

好，下一节我来讲预算的总结和分析。

预算的总结与分析

下面我来讲一下预算的总结和分析。

在讲预算的总结和分析之前，我们要先做预算的审查、检讨与评估（见图4-5）。在这一套管理体系当中，其实有六项内容是特别重要的，是我们预算编制的主要方针：第一个是企业的利润规划，第二个是企业的生产经营方针，第三个是部门费用预算编制方针，第四个是投资与研发的方针，第五个是资本运营方针，第六个是集团公司费用分摊基准、业绩评价基准等其他基准。

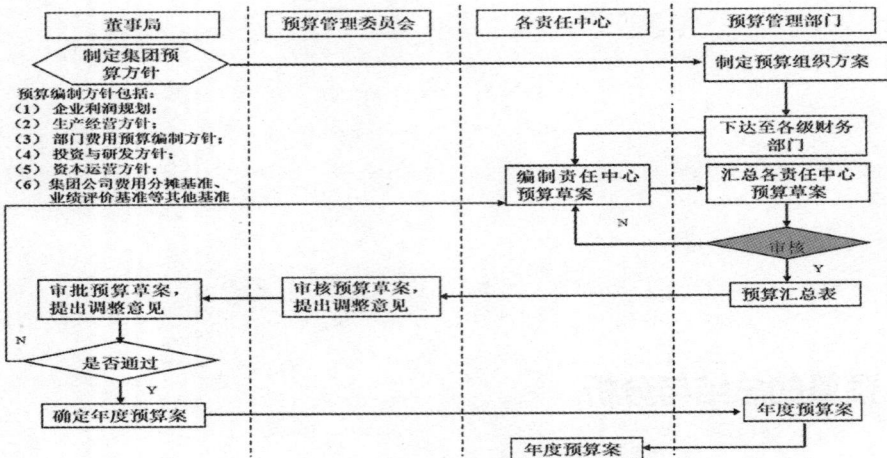

图 4-5　预算审查、检讨与评估全流程

那么第一个我们来讲一下企业的利润规划。我们要知道，做预算得先定我今年想挣多少钱，这个是基本的目标。当你这个目标定了，你的承办费用控制目标自然也就定了。比如说，我公司的营业收入是 100 亿元，想实现 10% 的净利率，赚取 10 亿元净利润，那我就必须将成本费用和税金控制在 90 亿元的范围内。如果我控制不到 90 亿元，我就挣不到那 10 亿元。所以利润规划很重要。做利润规划还要明确一点，即我哪些业务是挣钱的、哪些业务是赔钱的，因为一个公司所有的产品不可能都是挣钱的。

第二个是企业的生产经营方针，即你做哪些产品能够实现你的盈利目标。这要求你成本费用的计算得十分准确，如果你产品的成本费用计算不准确，那你的生产经营方针定得也会有问题。

第三个是部门费用预算编制方针。这个就相对简单了，我们有一些固定的分摊方法。前面我也列举过一些企业的案例，比如说，我实现的 100 元的营业收入当中，管理费用占多少？销售费用占多少？财务费用占多少？期间费用总额不能超过多少？一般是不超过 10% 的水平。

第四个是投资与研发的方针。我们要知道钱砸在了哪里，结果就在哪里。华为从很多年前就开始砸钱搞芯片，所以才有了今天的华为；联想经历柳倪之争，倪光南出局了以后，虽然联想很有钱，比华为还要有钱，但联想没有自己的核心技术，所以今天日渐掉队。每个人的选择不同：因为柳传志先生是搞市场运营出身的，所以他可能更关注业绩；而倪光南先生是搞研发出身的，他更关注的可能是技术。

第五个是资本运营方针。我们可以参考前面讲过的一些案例。你看在新冠肺炎疫情期间，华为、小米、格力电器等都在降低自己的扩张速度，企业在这个时候只有保证自己现金流充足，才能够活下去。

最后一个是集团公司费用分摊基准、业绩评价基准等其他基准。分公司采用什么样的方式分摊总公司的费用？分公司不摊是不行的。为什么？分公司的利润如果比较高，分公司会只看到自己的功劳，忽略了集团的支持。所以分摊基准很重要，而且还要分摊得公平合理，要达到使分公司利润合理化的作用。

例如，企业总部的管理费用一年是 2000 万元，为 5 家子公司提供管理服务。如果你全部平均分配，就基本上是不合理的。子公司销售多就分得多，销售少就分得少，其实也是不合理的。子公司利润多就分得多，利润少就分得少，更是不合理的。要按照子公司占用总公司的资源的多少进行分配，这才是公平合理的。

这几个方针设定后，我们的预算管理委员会就要开始工作了，然后各个责任中心的指标就可以确定了，预算的方案也可以开始起草了。如果你这些大的方针没有定，你底下的工作是推动不起来的，所以我们要知道，做预算绝对不是财务部门一个部门可以做的事情。

下面我们再来看一下，在年度预算管理的过程当中，我们应该构建一个什么样的平台？各个职能部门要起到什么样的作用？具体请参考表4-1。总经理办公室主要是做什么的？定年度目标的。它的作用是沟通和决策，目的是建立由财务部牵头，所有的部门参与审阅和批准的年度预算制度（战略目标、主要举措、具体的规划方案以及结果预测）。战略目标、主要举措、具体的规划方案以及预测结果，在通常情况下一年做一次。目标定了以后，就可以开始推动我们的预算了。所以在通常情况下，要召开一次年度预算启动大会，这是由财务部门牵头进行的，主要目的是统一预算思想，明确本年度预算的工作方向和责任主体，同时下达年度预算编制的指导纲要。这个年度预算启动大会也是每年召开一次。

表 4-1 全面预算管理涉及的决策沟通平台

流程	平台名称	性质	牵头部门	目的	时间和频率	集团	省	地市
年度目标设定	总经理办公会	沟通/决策	财务部	建立由财务部牵头，所有的部门参与审阅和批准的年度预算制度（战略目标、主要举措、具体的规划方案以及结果预测）	每年一次			
预算	年度预算启动大会	沟通	财务部	统一思想，明确本预算年度的工作方向和责任主体，下达年度预算编制指导纲要	每年一次			
	年度预算平衡会	沟通	财务部	在预算下达前对预算盘子的沟通	每年一次			
绩效考核	绩效考评会	决策	预算管理委员会、薪酬委员会	对部门绩效考核指标的分解和设定	每月一次			
经营分析报告	经营分析会	沟通/决策	财务部	预算执行结果的分析和报告	不定期或每月一次			

那么在年度预算启动大会开完之后，就是年度预算平衡会了，我们要对上边下达的目标和底下的期望做平衡，大家达成一致后，就可以正式填列预算的表格了。

那么在预算表格填列审核工作完成了以后，就要开始绩效考核了。绩效考评会通常由预算管理委员会和薪酬委员会来召开，主要是对考核指标进行分解和设定，确定做到了如何、做不到又如何。在通常情况下，每个月都要召开一次绩效考评会。大家要记住一个逻辑，能按照月发的钱就别按照季度发，能按照季度发的钱就别按照年发，因为钱越早地到了员工的手里，他受到的激励就越大。你把握了这个要点，才真正把握了预算管理的核心。否则的话，你即使填了一堆表，员工拿不到钱，你的工作也仍然没意义。

最后一个就是我们做的经营分析报告了。经营分析会其实可以跟绩效考核会同时进行，这样做可以节省时间。经营分析报告主要是对我们预算的执行过程当中的一些偏差进行分析和总结。记住，如果你的预算偏差率达到了10%，就是说你的营业收入指标有10%没有完成，而如果成本费用又上去了，那你很可能是亏损的。所以预算的差异率指标一般在5%~10%为宜。而且每一个指标的变化绝对不能太大，如果太大，你就会发现，你很可能无论怎么做都没办法赢利。比如说，你的成本费用只有5个主要的指标，每一个都增长了10%，你的成本一下子飙升了50%，那你肯定无论怎么做都没办法赢利了。所以记住，一定要将可控的范围设定清楚。在正常情况下，经营分析会要争取每个月召开一次。

下面我来对本节的内容做一个简单的总结。其实做预算的过程就是一个定目标的过程，一个逐渐把目标跟考核结合在一起的过程，一个通过我们的考核体系不断总结的过程。所以预算实现了战略目标的分解，让每个员工都背上指标，让这个指标可实现。通过预算，企业的战略指标才能具体落地，否则就都是空话。记住，支持我们全面预算管理体系的是我们的绩效考核体系，如果你的绩效考核体系跟你的全面预算管理体系不能同时来推进，或者两个体系有很多自相矛盾之处，你的预算制度是绝对落实不了的。

好，下一章我来讲一下成本管理。

05

控制成本推动
利润最大化

目标成本管理模式的设定

下面我给大家讲一下丰田的目标成本管理模式。

关于目标成本管理模式，丰田公司是这样定义的，目标成本管理是从新产品的基本构想、立案到生产开始阶段，为了降低成本及确保利润而实行的各种管理活动。那么大家来看，丰田做成本管理控制是从什么时候开始的？是从想做这个产品的时候开始。那它为什么要控制成本？很简单，为了保证利润。对于汽车企业来说，成本控制不是始于生产，而是始于新产品的策划和设计阶段，那么这句话其实适用于所有的企业。如果你想控制成本，必须从策划的时候开始，你一旦策划的时候没有控制好成本，后期再想去弥补，那是非常难的。就像一个孩子生出来，他本身就有先天疾病，你想让他变成一个正常人，你得付出多大的代价，最主要的是无论你付出多大的代价，有时候先天性的障碍是永远没办法弥补的。

下面我们就来看一下丰田目标成本管理的流程。

第一步，丰田设计前会先定价。在通常情况下，丰田四年改一次车型，那么在改款之前的三年，丰田会研究市场的动向、竞争车型的情况，以及要给新车增加哪些新的功能，然后再确定目标售价和预计的销售数量。目标的定价和数量确定了，预计的收入就定了。值得说明的是，在制定目标价格的时候，丰田一般会考虑竞争对手的价格情况。在通常情况下，丰田的价格会比竞争对手稍微低那么一点点。

定价格和数量的任务，丰田是怎么完成的呢？丰田搞了一个项目组，这个项目组包括设计、生产、技术、采购、销售和财务等各个部门的员工，他们经过充分的讨论来确定目标的销售价格。也就是说，销售价铬不是由一个部门或者是一个领导拍脑门确定。我们中国多数的企业在定市场价格的时候，还是几个人拍脑袋。你要知道，你的售价决定了你的利润：你的价格降了 10%，你的利润就少了 10%。想获取原来的利润水平，你的成本就必须同样降 10%；如果你的成本降不了这 10%，那这个单子你可能就不挣钱了。

丰田的第二步是设定战略公式：目标成本 = 目标收入 - 目标利润。丰田公司是根据公司长期的营业收入增长情况来确定预计目标收入的，根据长期的净利率来计算预计的目标利润，再用目标收入减去目标利润来计算公司的目标成本。那么成本确定后，他们就会调集所有的资源，包括技术、生产、采购、销售和财务，为实现目标成本提供一个可行性方案，看技术上能不能实现、生产上能不能实现、采购上能不能实现、销售上能不能实现。你不能说我想定多少就定多少，大家怎么样共同努力去完成成本目标才是接下来要做的事情。

丰田公司的第三步是带着任务去设计产品。将成本控制方案分解到各个部门后，设计部开始研发戌品，他们通过分析调查产品的机能与价格，争取用最少的成本支出来实现最合适的功能。这个设计任务其实挺艰巨的，但是丰田设计部完成了，这就是日本丰田汽车设计部非常厉害的一点。那与此同时，在汽车行业里，我们会发现一个现象，很多日系的车材料都用得比较轻薄。这是为什么？这是他们在设计开发的时候，为了获取利润，早就已经确定好的。那么研发好后，设计部会出一个样板图，这个样板图一定是能够实现丰田目标成本的图纸。

第四步，由财务和技术部门给目标成本的实现提供保障。丰田的财务部门设有成本管理部，技术研发部也设有成本企划部：财务方面主要负责制定目标利润、估计资质零仵的价格并负责全面预算；技术方面主要负责成本的预计、确认，以及设计部门的成本目标达成情况——成本企划部会针对设计部样板图上的车子来估计成本，如果估计的成本与目标成本有差距，那设计部门就要不断凋整样板图，直到实现目标成本为止。

那么第五步也就是最后一步，是做生产前的准备。设计出符合成本目标的新产品后，丰田就进入了生产前的准备阶段。这个时候采购部就开始研究怎么谈零部件的价格，谈判的结果会被及时反馈到成本控制部门。如果确定的目标成本能够实现，那么新车就可以开始生产了。但要注意的是，新车生产有三个月的磨合期，三个月后丰田将检测目标成本的完成情况。如果目标成本已经完成，新车就开始进行批量生产。

丰田制定了目标成本，设计的时候各个环节的成本就已经被锁定，只有符合目标成本的车才能被生产出来。所以除非市场有非常大的变动，否则丰田的车生产出来是不可能赔钱的。记住这句话，丰田是为了目标利润和目标成本而生产的企业，这是我见过的对一个企业最精准的定义。

我跟大家说，丰田在汽车行业当中不是净利率最高的，它的净利率只有 4%~6% 的水平，但它其实是赚钱最多的企业，它完全是靠销售量来实现自己的利润的。丰田的目标成本管理体系是我到目前为止研究到的成本管理体系当中最成功的案例之一，所以大家可以学它的方法，然后超越它。

下面我来对本节的内容做一个简单的总结，确定成本目标是控制成本的第一步，如果你的成本目标定得有问题，你绝对控制不住成本，所以重点是定目标、定目标、定目标。

下一节我来讲成本责任中心的确定。

成本责任中心的确定

这一节我给大家讲一下邯钢的案例，大家看看邯钢是怎样学丰田，让自己在亏损当年就赢利的。

邯钢采取的是这样的逻辑。钢铁的市场价格，邯钢是没法左右的。为了实现目标利润，邯钢能左右的是什么？是目标成本。于是邯钢的目标利润公式为：目标成本＝目标收入－目标利润。这样邯钢跟丰田的基本逻辑就是一致的了。

公式确定了之后，邯钢就模拟市场价格，把各个分厂变成了一个个独立核算的单位。各个分厂根据内部转移价格来确定自己的营业收入，然后用营业收入减去本分厂的生产成本，就得到了本分厂的毛利。本分厂的内部利润，要用本分厂的毛利减去本分厂需要扣除的两项费用，费用之一是公司分配给分厂的管理费，费用之二是由分厂承担的财务费用。这部分财务费用一般由分厂占用的流动资金额乘以国家同期银行贷款的利率得到。

举一个简单的例子，某分厂积压的存货太多，那你压得越多，你的利息就越多，最后你的绩效就越少。所以这就倒逼各分厂减少存货的积压。再举一个例子，如果某一个分厂是搞对外销售的，应收账款很多，应收账款占用的资金利息也被算作分厂的成本，这就倒逼着销售员去追讨应收账款。

其实我们可以看出，邯钢核算分厂利润的过程，就是一个确定责任中心的过程。为了能够使目标实现，邯钢的确煞费苦心。当时邯钢以三家分厂为典型，组成了一个专门的班子，将指标层层分解，将总厂下达的成本指标采用倒推的方式，测算出各项费用在每吨钢成本当中的最高限额。记住这里有两点非常重要。第一就是将指标层层分解，让每个工段都背上指标。第二是算出每吨钢成本当中费用的最高限额，将成本控制住。这样责任主体确定了，目标也确定了。

举个简单的例子，比如说原材料、辅助材料、人工成本，这些都有指标，从最贵的原材料消耗到日常的水电费、印刷费、油漆费都层层分解，具体落实到每个科室、每个班组、每个员工身上，然后层层签订承包协议并与绩效挂钩。奖金占工资收入的40%~50%，每节约一点成本，自己就能够多得一些奖金。奖金是年度成本降低总额的5%~10%，以及超过目标利润部分的3%~5%。

邯钢这招很管用，当年这个厂就扭亏为盈了，发了 3800 万元的奖金。

所以记住一句话，没有不赚钱的企业，只有你做得不到位的管理。如果你想通过不给员工分钱的办法降成本，那你的成本绝对降不下来。因为没有好处的事情，是没有人愿意去干的，人是纯 KPI 型的。

好，下面我就对本节的内容做一个简单的总结。对于一个企业来讲，其实赚不赚钱的核心不在于产业，而在于你的管理模式。当市场行情好的时候，可能你的管理很烂，你也依然可以挣到钱；但当市场行情不好的时候，你管理混乱一定是赚不到钱的。所以我们一定要学会目标成本管理的思维和模式，提早进入精细化管理的时代。

下一节我来讲一下供应链成本管理的方法。

供应链成本管理方法

下面我来讲一下利丰贸易的供应链管理流程。

我们先来分析一下关于消费者需求的整个链条体系：从消费者到消费者的需求，到产品的设计、产品的开发、原材料的采购、制造商的选择、生产的监督、产品的组装、物流的整合，一直到进出口文件的办理以及本地的货运，再到经销商的手里……那么在整个供应链里，利丰贸易都干了哪些事情？从产品的开发一直到生产的监督、材料的采购、产品的组装、出口文件的办理以及本地的货运，利丰贸易都给你搞定了（见图5-1）。

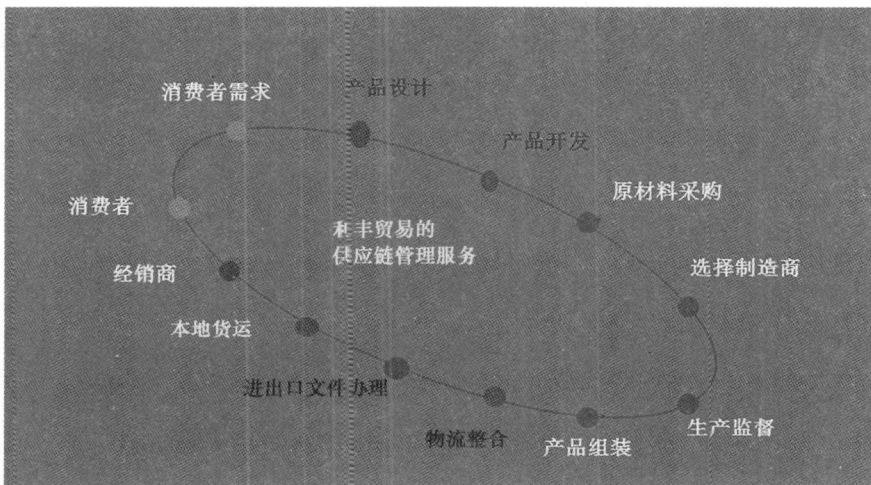

图 5-1　利丰贸易的供应链管理服务流程

利丰贸易其实是全球供应链管理做得最好的一家企业，是中国的低价贸易公司，但比较遗憾的是，它现在已经退市了。我之所以讲这家企业，是因为它太具有典型性和代表性了。利丰贸易曾经特别特别赚钱，而且它也活了 100 多年，可是它没有在互联网的浪潮里，及时抓住互联网机会转型。由于受到全球金融危机的影响，利丰贸易的营业收入逐渐下滑，最后不得不退市了。但这不能掩盖利丰贸易曾经的辉煌。

我给大家解释一下零售价里的"软三元"。如果我们说原材料和生产费用是 1 元，那么产品的设计、采购、物流、批发经销、零售、信息管理就值 3 元，加起来产品的零售价就是 4 元。那么什么叫零售价里的"软三元"呢？就是谁能节省中间环节这 3 元，谁就是最大的利润获得者（见图 5-2）。所以降成本一定要从供应链管理体系当中去降，我们会发现，4 元的东西其实原料和生产成本只有 1 元，你再怎么压缩其实也压不了太多，关键是中间的链条体系。

图 5-2　看不见的"软三元"

下面我们就来看一下，利丰贸易是如何赚取零售价里的"软三元"的。

第一个步骤是分散生产及分拆价值链。举一个简单的例子，有一件礼服，它有水晶闪片，然后还有丝织的一些材料等，一共有五六种材料。那么利丰贸易怎么搞？很简单，哪里便宜我就去哪里买原料。然后到一个人力特别便宜的地方进行组装和加工。但设计在哪里进行？设计是在美国进行的。所以大家来看，最高端的设计和最便宜的劳动力，再加上全球最便宜的原材料，利丰贸易把这些整合在一起，就形成了一个最便宜的成本结构体系（见图 5-3）。

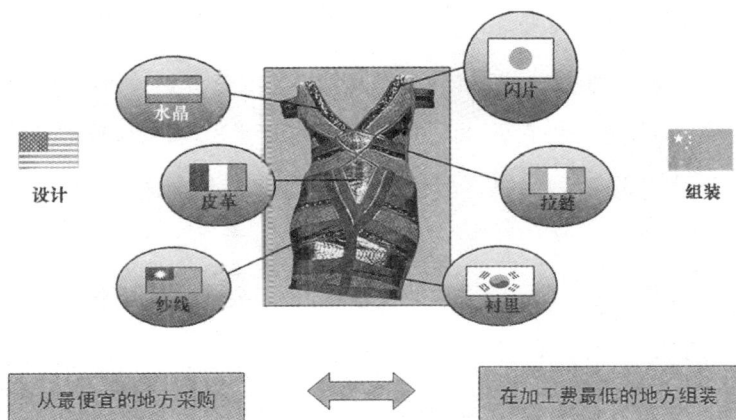

图 5-3　利丰贸易分拆价值链

那么第二个步骤是通过供应链管理来缩短生产周期。比如说，利丰贸易拿了一家企业 1 万件衣服的订单，但这家公司并没有告诉利丰贸易自己要做什么款式、什么颜色的衣服，这一切都要等交货前 5 周才能确定。利丰贸易通常会怎么做？它会和自己的纱厂，也就是自己的代工厂说好，我给你 1 万件衣服的订单，但颜色和款式现在还没有定，你先把没有染色的布给我留下，我会在交货前的 5 周告诉你颜色和款式，你需要用 3 周时间给我生产出来，再给我留 2 周的物流时间。这样利丰贸易就不用付钱，也不用囤货，等对方公司定了款式和颜色，代工厂就可以马上开工了。其他像拉链、纽扣、皮革等，利丰贸易可以全部按照这个逻辑来进行操作。

第三个步骤是通过调整运输方式来降低成本。利丰贸易有一个特别经典的理论，即不是把箱子装得最满的时候成本最低。比如说有 10 种不同类型的商品，由 10 个生产厂家进行生产，但我需要将其分到 10 个分销点。通常传统的做法是，10 个厂家把 10 种产品都装在集装箱里，再由接货分销点最后来进行整理。可是我们会发现，在整个中间分拆的过程当中，破损概率和二次成本非常高。但如果你把它拆分后，一个厂家需要什么，我就精准地装什么，这个箱子不装别人家的货。然后我把这个箱子的产品精准地送到对方手中。结果是这样的，我的运输成本涨了，但我减少了重新整合的工作环节，我的综合成本降下来了。我们记住，降成本的逻辑就是，我要降的是整个供应链体系的成本，所以我们一定要看综合成本，而不是单点成本。

利丰贸易之所以能够这么高速运转，其实是因为它背后有一个有效的体系，这个体系就是以客户为中心的组织体系。利丰贸易是以客户为中心进行管理的，比如说针对一类客户设立一个部门，这个部门就只服务这一类客户，相应的供应商也归部门经理管。大家说这种设置组织结构的方式有没有问题？有什么问题？就是这个公司的各位部门经理掌握了所有的信息，他完全可以自己单干。

利丰贸易意识到了这个问题，但仍然选择这样的经营方式。利丰贸易的董事长说："如果我划分两个部门，我的供应商和客户就会打架，为什么？因为信息不对称。为了提高效率，我把供应商和客户放在一个部门，如果你可以把客户带走，那你就带走。"这就是一个企业家的胸怀。

在利丰贸易里像这样的部门大概有 60 多个，每个部门都独立核算、独立考核、有基本的利润底线。部门员工的工资是和利润挂钩的，利丰贸易实行奖金公开制，所以别人拿得多你是知道的。那么用他们公司董事长的一句话来说，这就叫作"像大公司一样思考，但像小企业一样行动"。因为一个公司一旦规模大了，效率就会慢下来，所以这种单部门的组织形式能够尽快根据客户需求来调整自己的应对策略，从而避免风险。

其实利丰贸易一共管理了 1.5 万多家供应商，还有 7700 多家客户，它是通过什么样的体系来进行管理的？利丰贸易构建了一个信息管理平台，通过这个平台实现对供应链的管理。利丰贸易管理供应链其实有一个非常简单的逻辑，就是看它占供应商的产能情况，由这个情况来决定如何管理这个供应商。如果你占了一家企业 30% 的产能，就意味着你可以决定它的利润；如果你占到 70% 以上，你就可以决定它的生死了。所以这就是利丰贸易不用投 1 分钱，却可以管理 1.5 万家供应商的秘密之一。具体可以参考图 5-4。

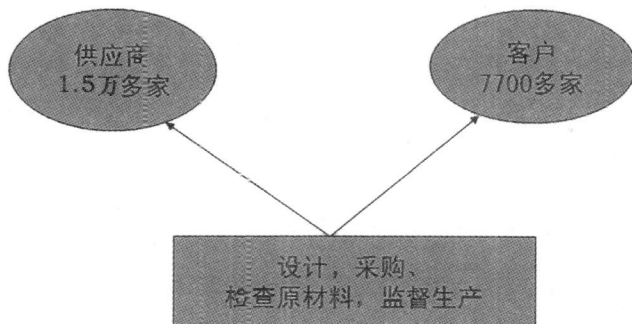

图 5-4　利丰贸易通过构建信息管理平台实现对供应链的管理

下面我就对本节的内容做一个简单的总结。利丰贸易曾经是全球供应链管理做得最好的企业，它成立于 1906 年，已经成立了 100 多年了，但这家企业仍然退市。我们记住，一个企业成功的方法一定是能适应这个时代，否则的话，这个企业不可能活得长久。

下一节我来讲零库存这个管理的方法。

零库存成本管理方法

这一节我来讲一下美的集团的零库存管理方案。

其实我前面在做财报分析的时候讲过，在美的集团、格力电器、海尔智家这三家企业当中，美的集团的存货管理做的是最好的，那么美的集团的存货管理为什么可以好于格力电器和海尔智家呢？我们来看一下，它是如何做自己的零库存管理方案的。

第一步是构建信息管理系统，将产销信息共享，精简库存。美的集团比较稳定的供应商大概有300多家，品种有3万多种。其实在2002年的中期，美的集团就开始在全国范围内构建产销信息共享平台。自从美的集团开始利用产销信息共享平台，它原来有100多个仓库，现在只需要8个仓库。而且在8小时可以运到的地方，产品全部都靠配送来实现销售，这就意味着，美的集团流通环节的成本可以降低 15%~20%。这是近片区的。那么远片区的呢？供应商就在美的集团的旁边租了一个仓库，把零配件全部都放里边存着，什么时候用，就什么时候去取。

大家来分析一下，美的集团做产销信息共享平台的时候，其实依靠的是自己在供应商处的话语权。如果一家企业的供应商太多了，就意味着这家企业的谈判优势其实是比较弱的。比如说，我一年的采购金额是 10 亿元，如果我把它分给 100 家，向每家买 1000 万元的产品，这个时候我占对方产能的比例不大，对对方的影响也不是很大。但如果我把供应商的数量减少了，我像利丰贸易一样，占人家 30%~70% 的产能，那就意味着我在这家公司虽然不投钱，但我也有了相应的话语权。然后再折腾你的销售，产业链中间才是你应该存在的区域。

美的集团零库存管理方案的第二步，是使用供应商管理库存系统，将库存成本转移给供应商。美的集团将 ERP 系统与供应商库存管理系统进行对接，美的集团在需要零配件的时候，通过 ERP 系统通知供应商，供应商在自己的办公地点，只要通过自己的库存管理系统就可以看到美的集团给自己发来的订单内容，包括品种、数量、规格及交货时间。那么供应商在网上进行确认后，这张订单就可以执行了。

所以大家来看，你想提高效率，首先得构建一个大家操作起来都方便的系统，你要用一个系统将所有供应商连接起来，效率才可以提升。

美的集团零库存管理方案的第三步，是为经销商管理库存。美的集团是这样跟经销商谈的，你成了我的经销商，我给你供货，但你要自己找地儿、自己存、占用自己的资金、自己去衡量成本，美的集团只是一个中间的供货商。

美的集团还有一个比较坏的招——我个人觉得这招有点坏——你还可以租我的仓库。我的仓库以前存东西我要花钱，现在我的仓库可以帮着我收利息，你好、我好、大家都好。

与此同时，其实美的集团也没有把所有的问题都丢给经销商，美的集团利用公司的销售系统，可以统计出销售商的所有信息。

所以大家看到这里会发现，美的集团是把自己的经销商变成了自己的销售分店了。所以虽然我在法律主体上和你是不一样的，但从信息管理上，你是我的一个职能端，我每天都知道你卖了多少、你还有多少存货。这样的话，对于销售的情况，美的集团就可以控制住了。但成本是谁承担的？成本是经销商承担的。

美的集团是从 2001 年开始实行零库存管理方案的，在 2001 年的时候，美的集团的存货周转天数在 110 天左右，现在美的集团的存货周转天数是 50 多天。我们按照 60 天来算，那就意味着，其实这十多年来，美的集团的存货周转天数一共降了 50 天左右。这节省下来的将近两个月的存货周转周期，大幅度提升了美的集团的利润。美的集团的营业收入一年是 2000 多亿元，平均下来每个月 200 亿元左右，两个月就是 400 亿元。我们按毛利率 30% 计算，大概是 280 亿元的资金成本。用 280 亿元的资金成本乘以相应的银行贷款利息 6%，就是接近 17 亿元。如果净利率能达到 10%，那粗算来讲，美的集团实行了零库存管理方案后，每年能为自己增加 170 亿元的营业收入，因为你省了 17 亿元的利息费用。

我来总结一下我们这节的主要内容。我们要记住一个逻辑，零库存管理方案的核心，其实是平衡企业供应商和销售商的管理体系，你看美的集团是先解决自己的供应商，然后再解决自己的销售商，而最终自己变成了一个什么样的公司？平台性公司。所以对一个企业来讲，你想清理你的库存，你得先折腾你的供应商。

下一节，我来讲采购成本的控制与管理。

采购成本的控制与管理

这一节我讲一下采购成本的控制与管理。

在管理界有一个这样的段子。某公司产了一批产品，这批产品的质量不是很好，好不容易被卖出云又被退回来了，销售部没有提成了，销售总监就找生产部门的负责人理论，说你看就是因为你生产的产品质量不合格，让我们辛辛苦苦地卖出去却一毛钱也提不到。生产总监就去找采购经理理论，说就怪你买的原材料质量实在太烂，我就只能生产这么烂的产品。采购总监又去找财务总监理论，说你看你非要控制成本，你要是不控制成本，我还能给你买点好料过来，你就给我这点钱，我就只能买残次品。这个财务总监又去找老板理论，说你看我说了搞预算的时候要先把制度体系搞出来，否则的话预算是没用的，成本控制是无效的，你非不听，现在产品被退回来了。全都要怪你！

我们分析一下，该公司销售的这批产品质量不合格，被退回来了，这到底是谁的责任？

其实归根结底还是这个老板的责任。为什么？因为权责利不明确。你要知道，你采购了什么原材料，给我生产了什么产品，这一定是有制度要求的。你不能说钱不够，你就给我买残次品，最后给我生产的也全都是废品。生产了废品，公司也没有明确的惩罚制度。正是因为之前制度问题没有解决，所以公司在运营的过程当中，眉毛胡子一把抓，到最后，你作为老板签了字，就只能由你来背锅。

在这里，我给大家介绍降低采购成本的三招。

第一招，小的供应商可以采取联合采购、分别加工的方式来降低成本。怎么理解呢？有一家企业的老板说，我们公司的采购成本每年必须以 20%的速度递减，这把一堆人吓蒙了，为什么呢？这怎么可能实现，但他用这个方式实现了。其实这个逻辑有点类似于我们现在说的战略合作伙伴或者叫团购。比如说，我去跟一家客户谈，我一年的采购金额只有 1 亿元，那我买 1 亿元的货，可能我的价格优势并不是很明显。但我搞一个联盟，我的采购金额一下子暴涨到 100 亿元，那这个时候供应商给我的价格绝对是最低的。

第二招，原材料供应商采取积极寻找战略合作伙伴的方式。具体怎么做呢？比如说，我的采购量占到这家供应商产量的30%，那我的谈判筹码就很高了。如果我的采购需求完全分散了，分散给多家供应商，那意味着什么？我没有绝对的价格优势。因为一旦供应商太多，你会发现你的采购金额分散，谈判的筹码就会丧失。我刚刚说过的这家企业的老板就是这样的，他把自己的供应商减少了，只和几家战略合作伙伴合作，然后这些战略合作伙伴给他的价格，就比市场价格便宜10%~15%。最后因为我的需求量大，我还可以定制，定制的时候我的废料就少，我的成本自然就降下来了。但要记住，如果你的供应商是单一的，你的风险是很大的。一旦它不给你供货，你根本找不到替代者。

第三招，对于新产品的配套供应商，我们可以采取入股的方式。怎么入股？比如说，我下游的一些产业链生产产品，没有品牌、没有技术、没有资金是吧？很困难。没关系，我可以给你输出品牌，然后提供一些技术支持、资金支持，但前提是什么？我买东西只能以成本价买，你不能挣我的钱。那这就意味着什么？我既可以在那边挣钱，因为我投资的供应商有利润，同时，他给我的时候我还可以拿到最低的成本价，降低采购成本。

但你要记住一个逻辑，采购不是让对方没钱可赚，如果你要让对方没钱可赚，对方给你的可能全都是残次品。你要给他足够的利润空间，让他愿意跟你长期合作。你要跟他一起去寻找降低综合成本的方法，这个时候你的采购成本才会持续有效地降低。总之一句话，我们一定要考虑到对方的利益，不能只考虑自己的利益。

下面我来对本节的内容做一个简单的总结，采购不是单纯降低成本，是让对方也能有合理的利润，这样对方才会愿意把更好的产品给你。

下一节我来讲一下作业成本管理方法的应用。

作业成本管理法

这一节我给大家讲一下作业成本管理法。

作业成本管理法也叫 ABD 成本管理法。用这个方法计算成本非常精准，发明者当初发明这个方法的时候，说 30 年之后才会有企业真正认识到这种方法的好处。

那么在这里我问大家一个问题，企业的成本准不准？如果你企业的成本不准，那就意味着你所有的决策都是错误的。举一个简单的例子，我们多数企业计算产品成本的时候，要么按照产量，要么按照我们的营业收入，其实我曾经做过测算，这两种方法都有比较大的误差。比如说，我生产 A、B、D 一共 3 种产品，A 是 10 万吨，B 是 10 万吨，D 也是 10 万吨。每个都是 10 万吨，那就意味着这些产品可以均摊成本吗？这些产品消耗的资源一样多吗？不是，消耗得越多，分配得就应该越多。再比如说，如果 A、B、D 这 3 种产品数量一样，价格不一样，A 卖得贵一些，B 中等，D 便宜，但它们的消耗一样，你会发现，如果按照获取的营业收入来分配成本，那算出来的成本以及毛利也不对。

如果你按照这两种方式核算成本，可能形成的产品成本误差在 10%~15%。我们知道，我们想实现 10% 的净利率，是比较难的事情。海尔智家只有 3% 左右对吧？那可不可能因为你的成本分配错误，所以你本来赢利，却变成了亏损？本来亏损，却算成了赢利？这都是完全有可能的。

所以最准确的方式是什么？是按照我们的消耗量分配，跟你的营业收入无关，跟你的产量也无关。我消耗得多，那我就应该分配得多，这就是作业成本管理法的核心。

下面我给大家讲讲戴尔的作业成本管理法。

在 1994 年的时候，戴尔公司的营业收入是 29 亿美元，但当年却亏损 3600 万美元，奇怪的是，戴尔公司所有的人都不清楚：为什么在营业收入金额如此之大的情况下，戴尔公司却仍然亏损；更搞不清楚到底是哪些产品亏损，哪些产品赢利，为什么亏损或者赢利。因为戴尔公司在计算产品成本的时候，眉毛胡子一把抓，把各种产品全部混在了一起。因为分摊成本的时候不准，所以最后就只能算总数，整个营业收入多少、整个营业成本多少，而没办法精确分出哪些产品产得越多、亏得就越多。由此这些吃掉利润的产品被大量生产，戴尔公司卖得越多，亏得就越多。

戴尔公司于是开始采用作业成本管理法，那么戴尔公司是怎么做的呢？戴尔公司的管理团队对成本进行了具体的划分，将成本分成了 10 个组成部分，包括采购、运输、组装、配送、保证服务等；又根据产品线，将组装部分分成了一个个小的项目。所以采取作业成本管理法，首先是将我们的业务流程分解，将所有花钱的地方全都分出来，因为你消耗的钱就是你的成本。其次是计算消耗的量。这样计算出来的成本就精准了。采取作业成本管理法最难的是分拆企业的作业流程。

自从戴尔公司开始执行作业成本管理法后，公司的管理团队就知道哪些产品是亏损的、哪些产品是赢利的了。制定战略决策时，戴尔公司在方向上就没有错误了。到了 1998 年的时候，戴尔公司的营业收入达到了 123 亿美元，税后的净利润达到了 9.44 亿美元。所以作业成本管理法真正使戴尔公司的管理更上一层楼，使戴尔公司对各个产品的赢利情况有了更加透彻的了解，这直接帮助戴尔公司制定了竞争战略。戴尔公司的负责人是这样说的："我们公司所有的管理者，现在可以自信地指出公司在哪些业务上赢利，在哪些业务上亏损。"

大家记住一个逻辑，如果你的管理者不能很清晰地知道哪些产品在赢利，哪些产品在亏损，那你就没办法制定竞争战略。所以第一步是，成本计算一定要准。第二步是，在制定竞争战略的时候，如果我成本计算得准确的话，我就可以知道，当我要冲量的时候，我把产品价格降到多少钱能保证我不亏。如果我成本计算得不准，那我就没办法制定这样的战略。因为我可能已经亏损了，但却还在持续降价，那只会赔得更惨。

我来总结一下本节的内容，我们要记得，成本核算准确，决策才能准确。

下一节我来讲标准成本的制定与管理。

标准成本的制定与管理

这一节我来给大家讲一下，标准成本的制定与管理。

在讲标准成本管理前，我先给大家讲一个有趣的故事。谢曼·查伏尔是美国乃至当今世界非常著名的游泳教练，他培养了很多世界级的游泳巨星，大名鼎鼎的飞鱼菲尔普斯就是他的得意门生。他带出来的游泳巨星先后74次打破奥运会纪录，62次打破世界游泳纪录，创造了80次美国全国游泳纪录，夺得了16枚奥运会游泳项目金牌。但很有趣的是，这个教练却不会游泳。那么他是如何带团队的呢？谢曼·查伏尔把最标准的游泳姿势拍下来，把每个运动员游泳的姿势记录下来，要求所有运动员一次次、一次次努力，直到达到标准的游泳姿势为止。你只要游到标准的姿势，阻力就最小，速度就最快。

从谢曼·查伏尔的例子我们也可以看出来，一流的企业做什么？做标准。戴尔公司工厂里边有很多视频设备，这些视频设备会把工作小组每个人的活动拍摄下来。拍摄下来的目的是看是否有多余和浪费的步骤，如果有多余和浪费的步骤，就把这个步骤砍掉。同时，用最标准的操作流程来规范全体员工的行为，并把优秀的员工选出来。你看，戴尔公司用最优秀的员工作为学习规范，在整个操作的过程当中，又把多余浪费的环节和步骤全部砍掉，那效率自然就上来了。

有一次我给一家企业做项目，在去参观他们工厂的时候，我发现有一个人特别厉害。这个员工专门做削鱼的工作，刀晃了几下，刺就被剔出来了，肉是怎么掉的我根本就没有看清楚。我十分吃惊，总经理特别骄傲地对我说："那当然厉害了，他是我花一个月几万元工资从竞争对手那儿挖来的人才。"一个月几万元工资的人，你就让他削鱼，大家说这是不是太浪费资源了？你应该让他干吗？应该让他搞培训，把所有的员工都教得跟他一样厉害，至少让其他员工也提升一下。

所以我们一定要记住，管理的基础在于实践，你要把优秀的人的实践方法，教给所有的人，效率自然就上来了。所以每个操作环节都有标准，达到标准，效率就是最高的。企业管理的过程就是一个不断靠近标准的过程。

下面我来对本节的内容做一个简单的总结。标准成本体系首先来自业务流程，在业务流程的每个操作环节都要建立适应的标准，那么当你达到标准的时候，成本就是最低的。你光盯着表是没用的，你必须盯着业务流程，表上的结果才会好看。

下一章我来讲一下企业的风险内控。

06

减小风险从内控入手

企业的风险来自哪里？

这一节我来讲一下，企业的风险主要来自哪里。

据统计，企业的风险 55% 来自高管，25% 来自员工，只有 20% 来自企业外部。所以一个企业想控制自己的风险，应该从哪里入手呢？从高管和自己的员工入手。我曾经说过这样的一句话："我们都不是被竞争对手打败的，我们是被自己混乱的内部管理所打败的。"

下面我给大家讲一个超市几个月丢了几百万元货的事情。这是上海一家超市的真实案例。这家超市在盘点库存的时候发现，几个月的时间丢了将近 400 万元的货，如果用卡车装这些货的话，能装满十几辆卡车，而且丢的东西涉及超市所有销售的品类。这种现象实在是很奇葩。超市的管理人员去查看监控记录，没有发现任何把东西拉走的迹象。财务总监也慌了神，就把这件事情报到董事会；董事会也觉得很蹊跷，所以就报了案。警察们就开始审计，审了几个月也没审出问题来，账上没有任何问题。

直到有一天，有一个保安无意当中在地上捡到了一张小票，他发现这张小票上下联的金额不一样，客户联金额多，公司联金额少，由此，这个案子才告破。

这就是我们以前常说的"大头小尾"。整件事情的过程是这样的。这家公司的一个网管经常加班，加班的时候饿了，就想去超市里拿点吃的，可是保安不让拿，他就开发了一个小程序，没事打点小票，就这样免费吃了好几个月的零食。他把这件事情跟公司的一个司机讲了，这个司机是个"老油条"，因为超市里头有 2‰ 的损耗是可以自然处理掉的，他觉得在这上面做点手脚应该不会被发现。所以他俩就招募了一个团伙，其中包括一个收银员。有人负责开发程序，有人负责在收银机上植入程序，有人负责每天的程序启动。这样一来，如果一个人买了 100 元的商品，其中就有 20% 被截留，公司只收到 80 元。就这样，他们在几个月的时间内搞到了 300 多万元，将近 400 万元。最后主犯被判了 14 年。

这是一个真实的案例。

我再给大家讲一个出纳员弄走几百万元的事情。他是怎么做的呢？有一天，这家公司说要提取一些现金发奖金，财务经理就开了一张现金支票，但是后来老板通知说不发了，这个钱不用取了，所以财务经理就叫出纳把支票作废了。但这个出纳当天着急下班，没有来得及把这张支票作废。当天晚上，他因为炒股亏了很多钱，跟老婆吵了一架。第二天上班的时候，他想起了这张现金支票，就把钱取了出来，想着以后炒股赚钱了再把坑填上。

我们都知道，这样的情况不可能天天发生，所以他看什么时候办公室没人，就偷偷到会计抽屉里把公章拿来盖。就这样，他在几年的时间内弄走了几百万元。

这件事情为什么几年之后才发现？正常来讲，我们及时对账，应该可以及时发现，对吧？这主要怪这家公司风险管理体系不够严谨，因为平时公司有一些未达账项，他将钱那用，银行账号里的钱会减少，但账面上的钱却没有减少，他就通过未达账项，使账面上的金额与银行账户里的金额一致，就这样糊弄过去了。其实通过银行对账单也可以发现问题，可是他假造了银行对账单。正常来讲，银行给我们的对账单原件都是有颜色的，如果说原件丢了，到银行可以补黑白的，黑白的就可以用 Ps 来进行处理。所以他就用这样的方式倒腾了几年。

这个事情是怎么被发现的呢？这个公司的财务经理要查一张发票，于是就开始翻凭证，结果发现这几年的银行对账单竟然都是黑白的。他觉得可能有事，当天他没吱声。第二天到银行一查，钱都已经没了。我觉得这个财务经理也不是很负责任，他其实每个月都应该去点出纳的钱，每个月都应该看看账上的现金，结果他一连几年都不管，最后被搞走了几百万元。

　　这节我给大家讲了两个例子，这两个案例里的罪犯，一个是程序员，一个是出纳员，他们的职位并不是很高。大家记住，因为事情的经手人全都是普通员工，所以如果普通员工不跟高管一起干，高管什么都做不了，所以高管犯罪，一定有普通员工作为同伙，可普通员工犯法，高管未必会知道。高管在这个位置上对业务可能不是很熟悉，监管又不是很严，公司有很多漏洞，所以在基层干的人，尤其是把握风险点的人，逮着机会就可能会贪污公司的钱。所以我们要控制风险，首先要建立风险管理文化，这是企业风险管理的第一步。否则总有一天，公司会被倒腾空的。

　　下一节我来讲一下内控管理的五个要素。

内控管理的五个要素

下面我给大家讲一下，内控管理的五个要素。

我们说一家企业想控制风险，有五个要素是特别重要的：第一个是控制环境，第二个是风险评估，第三个是控制活动，第四个是信息沟通，第五个是监察。

那么下面我们第一个说一下控制环境。它是董事会与高层对待内部控制的重要性的态度及采取的行动。我们说一个企业的文化其实就是董事长的文化，董事长重视这件事情，执行的效果就比较明显。

我们都知道全球第一家商业银行叫巴林银行，巴林银行被自己的员工，一个叫尼克·李森的人给搞垮了。尼克·李森入狱的时候写过一本书，叫《我是如何弄垮巴林银行的》。在这本书当中，他说：为什么明明总部能从我每天给他们的报表当中看出我所有的问题，但就没人管我？如果你们早点管我，我也能早点收手，我也不至于有今天。我们来听一听巴林银行的董事长是怎么说的。彼得·巴林说："若以每天都会变化的报表来反映企业的问题，那真是幼稚无知。"所以巴林银行其实是被谁搞垮的？是被董事长错误的管理理念搞垮的。所以董事长的思维模式决定了公司风控体系到底能不能搭建起来，风险坐标是什么样的。

当初，尼克·李森搞了一个账号88888，然后把一个错误的交易放在了这个账号名下，为了堵住漏洞，他还假造了一张花旗银行的存单。当他亏了5000万英镑的时候，巴林银行伦敦总部的人来审他，但审了几个月，也没人看到底有没有这笔钱。所以我们说，管理是上行下效，领导不重视，下边就糊弄领导。这是个非常简单的逻辑。

那我们再来说第二个——风险评估。风险评估是指识别和分析影响目标实现的风险，以此作为降低和管理此类风险的依据。说白了，你要知道你公司的风险点在哪里，你怎么去控制。在最具风险的环节当中，选择合适的人才是最为重要的。你要是在一个风险特别大的地方选了一个不负责任的人，那风险是控制不住的，一定要选择负责任的人承担重大的责任。

第三个，我们来看控制活动。控制活动是指，能够确保管理层的决策与指示得以执行的政策和程序。如果你的控制活动都能被有效地执行，风险自然就能控制住了。

我们继续说巴林银行。其实最开始，尼克·李森发现他的一个下属操作错误，当客户富士银行要求买进的时候，他错误地卖出了。当天结账的时候，尼克·李森就发现了这个问题，当时要赔4万多英镑。那个时候尼克·李森的年薪是5万多英镑，他觉得这事儿不太划算，这是第一。第二，尼克·李森在巴林银行号称"不可战胜的神"，他做的事情一定是对的，而且是能够赚钱的，所以他不能在自己脸上抹黑。于是他就把这个错误的交易放到了账号88888上，包庇员工犯错。

所以大家来看，这就是在控制活动过程当中出现了问题。你明明已经检查出来了，还包庇员工，集体犯错。

那么我们再来看第四个——信息沟通。信息沟通是指，人员在能够履行责任的方式及时间范围内，识别、取得和报告与经营、财务及法律相关的信息的有效程序和系统。

第五个——监察。监察是持续评估内部控制系统的充分性及表现情况的程序。一个人处在被监察的状态，会特别谨慎，工作效率也会有所提升，公司的风险就可以降低很多。但与此同时，压力也会比较大。

我们再来回顾一下内控管理的五个要素，从控制环境到风险评估，到控制活动，再到信息沟通以及最后的监察，我们会发现它们其实构成了一个体系，少一个都不行，哪一个环节没做好，风险自然就控制不住了。因为管理它不是一个点，管理是一个面，对于集团公司来讲，它是一个体系。

下一节我来讲如何建立内控管理体系。

如何建立内控管理体系？

这一节我给大家讲一下，如何建立内控管理体系。

我们知道，我们要通过一个组织和体系去解决问题，而不是从单点去解决问题。那么首先我们来看一下《企业内部控制应用指引》。

《企业内部控制应用指引》一共有 18 条，其中关于内控环境的有 5 条，关于控制活动的有 9 条，关于控制手段的有 4 条，具体可以参考图 6-1。

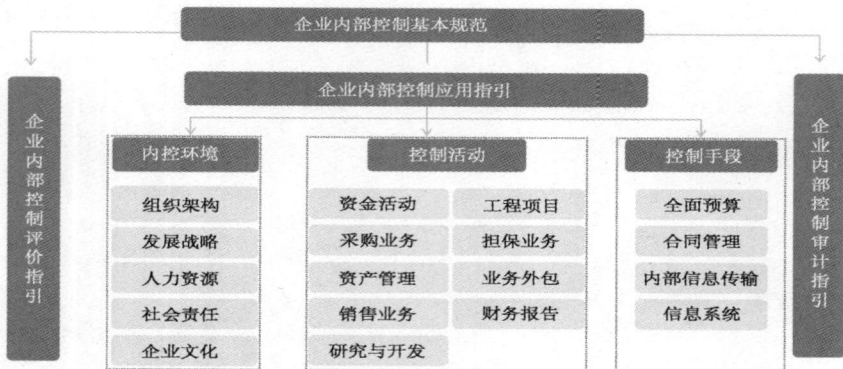

图 6-1　企业内部控制基本规范

　　那么在这 18 条当中，其实我们做一家企业的内控体系，最应该做的首先是调整企业的组织架构。前几年流行给企业做内控管理体系方案的时候，很多央企来找我做项目，我服务的一家央企的领导问了我一个问题："汤老师，你说为什么我们很多企业的内控文件明明做得很好，但它怎么就不好用？"我说："这是因为有一个核心的问题，就是你的组织架构问题没办法解决。我们必须先调整组织架构，再梳理流程，然后流程的各个活动才形成了经营结果。很多问题其实出在组织架构上。"正是因为很多问题出在组织架构上，所以你上边动不了，底下的自主体系自然应用不灵光。就像一辆车一样，你最开始设定的速度就是跑到 100 千米 / 小时，可你非要把速度提到 200 千米 / 小时，这肯定是不行的。企业的组织架构决定了企业的运营管理体系，只有把组织架构梳理清楚了，才可以定发展战略、人力资源体系，履行企业的社会责任，建立企业的文化。

　　那么其实内控环境这五条对一个企业来说非常重要，它们重要在哪里？它们就像一个人的大脑一样，如果我们把一个企业比作一个人，那么内控环境就是一个人的大脑、一个人的思想，当你的大脑和思想有问题了，你的行动一定有问题，你的结果一定也有问题。所以我们只有构建一个好的企业文化，承担起社会责任，选好人，定好发展战略，拥有一个优秀的组织架构，这个企业才会更好地运营下去。如果你本身的文化体系就有问题，那你后边也不会运作得很好。

那么控制活动都包括哪些内容？第一个是资金活动，因为企业最重要的东西是什么？是钱。没钱企业怎么活下去？日常的各种开销金额都很大。第二个是采购业务。第三个是资产管理。第四个是销售业务。第五个是研究与开发。第六个是工程项目。第七个是担保业务。第八个是业务外包。第九个是财务报告。

那么在这些具体的活动过程当中，我们怎么样来完善内控体系？记住一个核心的逻辑，就是我们在做内部控制文件的时候，权限表至关重要，权限表加风险点将决定你的控制活动会是一个什么样的结果。因为所有的活动和事项都是人做的，所以在控制活动当中最主要的两个共同点：第一个是权限，第二个是人。如果一个好人拥有了权力，他能把这个事情搞得很好；但一旦一个坏人拥有了权力，这件事情他一定给你搞得一塌糊涂。所以最关键的是，有权限的人。这才是我们控制活动当中最重要的点。

在控制活动中，对业务外包需要特别留意。关于业务外包这个问题，你要做两手分析。对于国企和央企来说，如果外包的价格跟内部养人的价格是一样的，多半的国企会选择内部养人，为什么？因为国企还要承担它的社会责任，就是让更多人有碗饭吃，降低失业率。所以我们要记住，不同企业的选择是绝对不同的。

那么我们说，在什么情况下，控制活动算是做得不错了？如果你的企业呈现出如下特征，那就说明控制活动做得不错：你在采购业务上没有人吃回扣，采购成本比较低；你资产没有被浪费，都有效地运行了；你资金管理完善，你的销售业务都能及时回现；你的研究和开发有明确的方向，并且都围绕着企业的战略发展；你的工程项目管理按照预算按部就班地做，没有超标；你也没有对外的一些乌七八糟的担保业务，因为搞不好，这些担保业务会让你遭受损失；业务外包符合你自身的需要，且成本得到控制；最后就是你的财务报告，要对前面的经营活动、控制活动做一个清晰的表达和总结。

关于控制手段有四条：第一个是全面预算，第二个是合同管理，第三个是内部信息传输，第四个是信息系统。那么在这四项内容当中，全面预算和内部信息传输，我在前面有讲过，所以在这里重点说一下合同管理和信息系统。

我们要知道，一家企业的风险其实多半在合同上，因为只要你签了字，你就得承担责任，所以签合同前一定要看好了。而且签合同你不能单纯听律师的，因为律师往往不了解业务和专业，而很多风险点都埋在业务和专业知识上。那么律师擅长的是什么？打官司了应该怎么办；通常的一些法律条款应该怎么处理。律师擅长的是这些。所以合同，需要公司的技术人员、采购人员、销售人员、财务人员、管理人员，加上律师共同拟定。这样的话，才能更好地控制风险。

那么关于信息系统，我们要记住，一定要尽量避免自己处于信息孤岛。因为很多企业为了偷税漏税搞了很多套账，最后祸害的是自己。为什么？你每套系统的数都不对，丢钱你都不知道，很可能你丢的钱比你应该缴的税还多。最后有一天你被查的时候，你会发现，钱你丢了，税你一分不少都得补，还得交滞纳金。所以好的企业不应该整天想着偷税漏税，应该想着如何规范管理，做强做大，然后多缴税。

好，下面我来对本节的内容做一个简单的总结，其实管理具体就六个字，叫"制度、流程、表格"。我们的组织结构体系设计好了，就可以将其应用到我们的流程上，流程对应的是制度，表格就是我们的经营结果的体现。

下一节我来讲企业内控流程的要点。

梳理企业内控流程的要点

下面我给大家讲一下，企业内控流程的要点及组织结构的搭建。

我们做内控的时候，有两个问题一定要落实到位：第一是搭好架子，就是说组织结构要清晰；第二是分好工，权责利要明确。

我们组织结构的类型要根据企业所处的阶段来确定。

创业期的企业，其组织结构要以企业的生存为第一要务，所以创业期企业所选择的往往是一种这样的组织结构：从上到下垂直领导，下属部门只接受上级的命令，且领导只有一个；各级主管负责人对企业的所有的问题负责；企业不另设职能部门，管理职能基本上是由行政主管来履行——因为刚开始业务规模小、人少，所以多数小型企业在成长期间，一个人要干多个人的活，这个很正常。

那么一旦企业过了成长期、存活下来，就开始演化出职能型的组织结构了。这个时候企业基本上是以总经理为负责人，下边有生产、采购、销售、财务、人事、工程、技术等各个部门，具体根据自己公司的情况来进行分列（见图6-2）。职能型组织结构其实有一个缺点，就是各个部门之间如若出现矛盾，自己很难解决，因为大家都是平级的。

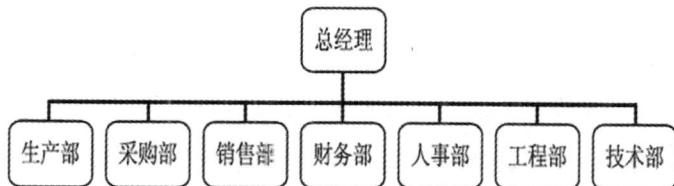

图6-2　职能型组织结构

那么我们再来看一下，当一个公司再做大一些，在不同的区域都有业务，就分化出区域的组织结构特点了。那么以区域来做组织结构的基准点，它的优点是什么？第一，当地的管理人员对所在地区的情况比较熟悉，所以企业就能更好、更快地为顾客提供服务。你要找一个对当地不熟悉的人来做决策，很多决策可能会无效。第二，建立地区工厂及办事处，会有效降低生产成本。第三，适当放权会提高管理效率。因为你总不给我权力，整天让我干活，我又说什么都不算，我自然没什么积极性。

当然了，这种组织结构也有缺点。第一，总部及区域的一些管理职能可能会重复，比如说：区域有自己的销售，总部也有销售；区域有自己的财务，总部也有财务。重复的职能设置就会增加企业的管理成本。第二，对于企业来说，因为各区域会各自为政，管理起来就比较难，这个就需要总部来进行协调。我有两个中国联通的手机号，一个是青岛的号，一个是北京的号，我在北京就处理不了青岛的手机号的很多业务，这就是跨区域导致的问题。大家在一个系统当中，却不能共享资源和协同操作，由此就产生了一些不必要的浪费。

那么总部怎么协调这个关系？其实平衡利益就好了。比如说我在 A 区，你在 B 区，我干了你 B 区的活，你也干了我 A 区的活，我们就每个月计算，我替你 B 区干了多少量，你又替我 A 区干了多少量，大家统一一个价格，这样所有区域的效率不就都提上来了吗？要不然你说我凭什么帮你干活？又不算我的工作量，又不能给我增加绩效。所以企业的竞争效率就被拉下来了。

企业一旦做大了，品牌表现比较突出，一些公司很可能就会分化出事业部。那么事业部组织结构的优点是什么？就是事业部的资源会全部集中在自身区域，会提高管理效率；事业部单独核算盈亏，经营不善的事业部可以被卖掉或者是关闭；事业部的工作由事业部的经理负责协调，会缓解生产、采购、财务、营销等职能部门的压力。为什么？因为这样的组织结构是按照产品体系来区分模块的，每条产品线都有一个对应的事业部，每个事业部都有对应的职能部门，职能部门的工作量就相对得到了减轻。韩都衣舍就采取了这种组织结构。

那么当然了，事业部组织结构也有缺点。第一个缺点是，各个事业部会为了争夺企业的有限资源而产生矛盾，各个事业部之间会存在管理成本的浪费，尤其是职能部门的重叠设置，会加剧浪费。第二个缺点是，如果事业部的数量太多了，那就会加大协调工作的难度。

我们要记住一个逻辑：只要你把利益分配做好了，什么组织结构都能发挥功能；但如果你的利益分配没有做好，什么组织结构都是无效的。大家忙来忙去说白了都是为了什么？都为了自己能够拿到利益，无论企业处在什么发展时期，无论采用什么样的组织结构，都要有不同的分钱方式，这样才能让组织结构运行起来。

好，下面我来对本节的内容做一个简单的总结。其实没有完美的组织结构，在任何一个组织结构下，只要你的分钱机制没有搞好，组织结构就是无效的。要搭建好企业组织结构，第一是分解目标和绩效，第二是组织体系内部的相互合作。

下一节我来讲企业风险管理文化的建立。

企业风险管理文化的建立

下面我来讲一下如何构建企业风险管理文化。

我说一下美国安然公司的案例。其实关于安然公司的案例很多人都知道，但是我们要通过它的案例去解读如何构建风险管理文化，这个才是最重要的。

当时，安然公司是美国最大的石油和天然气企业之一，这句话告诉我们，不是最大的企业就不会造假，大的企业造假更容易。第一，因为很多人对大企业有天然的信任；第二，行业第一做久了，它要想方设法不让自己变成行业第二，所以它为了撑面子都得去造假。

在 2001 年年末，安然公司突然宣布第三季度有 6.4 亿美元的亏损，美国证监会就对安然公司进行调查，发现该公司 1997 年以来虚报利润 5.8 亿美元。大家想想安然公司虚报利润是为了什么？对安然公司来说，虚报利润意味着它要多缴很多税。可是它在资本市场当中会有获利，它的利润高，它的股价就不会跌下来。所以你看，在多缴税和股价之间，安然公司的这些高管就要做一些平衡。

2001 年年末，安然公司申请破产保护令，但在之前的 10 个月内，安然公司因股票价格超越预期目标，向董事及高级管理人员发放了 3.2 亿美元的红利。所以你看，安然公司在报表体现出亏损之前，先满足了董事和高管的利益，这正是董事和高管长期以来对安然公司的问题不管不问、藐视内控制度的原因。在调查中发现，安然公司的审计委员会采取了不干预的政策。所以安然公司的监管是失效的，高管不管，董事会不管，审计委员会也不干预。调查称，安然公司的部分董事表示自己不太了解公司的财务状况、期货及期权的业务。但我认为这里面很可能是有谎言的，造这么大的假，是需要一些董事配合的。其实主要的原因，就是安然公司比较重视短期业绩目标，考核的都是短期利润情况，所以安然公司的许多人会为了获取短期利润不择手段。

我们再看美国的世通公司。美国的世通公司是美国第二大电信公司，所以你看行业第一造假，行业第二也造假，只要想获更多利，或者想打肿脸充胖子，多数有造假的嫌疑。2002 年，世通公司被发现利用将营运性开支反映为资本性开支等弄虚作假的方式，虚报利润 735 亿美元。大家发现，它虚报得更多，它是怎么操作的呢？将营运性开支反映为资本性开支怎么让利润增多？举个简单的例子：我公司有一项营运性开支 10 亿元，如果我将其列到当年，我当年就会减少 10 亿元的利润；但我把它变成资本性开支，可以将它摊到 20 年里，那就意味着我当年的报表会特别好看，我的报表好看，我的股价自然就好看。

世通公司在 2002 年年末申请破产保护令，成为美国历史上最大的破产个案。世通公司的四名主管，包括公司的 CEO、CFO 承认串谋讹诈，被联邦法院刑事起诉。所以我们说，公司出小事，普通员工就可以做；公司出大事，必须大领导掺和，这个事情才可能干成。同时，这么大的财务案件，CFO 必须跟着做，如果没有 CFO 的帮忙，光 CEO 很难做成。

美国证监会的调查报告指出，世通公司完全没有制衡机制。所以说，一个公司绝对不能让一个人拍板，只有两个拥有绝对权力的人之间达到平衡，才能做好一个公司。这就是管理上的权力平衡。世通公司的董事会完全没有负起监管公司管理层的责任，还试图为管理层提供丰富的乃至不合理的薪酬和奖金，诱惑管理层造假。

其实安然公司和世通公司都存在藐视公司制度的问题，这是这两个公司财务造假的原因。那么通过这两个案例，我们总结一下，企业的风险管理到底应该怎么做。第一，权力制衡是风险管理的第一要义。第二，一定要让高管对获取不正当利益的后果有强烈的恐惧心，否则很多人急功近利，会为了短期的利益不择手段，因为大多数的人只能看到眼前，不能看到更久的未来。所以想让公司有一个很好的风险管理文化，其实最好的方式之一就是天天给员工洗脑，无论是对高层还是对基层的员工，经常播放讲解因获取不正当利益而入狱的案例，将非常管用。你只有在一个人的内心深处植入这种获取不正当利益后果不堪设想的理念，才能从源头上控制风险。

下一节我来讲以制度作为保障的内控体系。

以制度作为保障的内控体系

这一节我来讲一下企业的制度，以及以制度作为保障的内控体系。

为什么最后才讲制度？这是因为支撑我们运营体系的必须是制度。就像宇宙有宇宙的规则，遵守宇宙的规则，万物才会生长。公司也有公司的管理规则，如果规则不明确，那公司的运营一定是乱套的。

在这里我给大家介绍一个企业的制度，这个企业的制度被归纳为一本叫《德胜员工守则》的书，到现在为止，《德胜员工守则》已经被印了25版。它当中有一段这样的话："一个不遵守制度的人是一个不可靠的人，一个不遵守制度的民族是一个不可靠的民族。"

制度只对君子有效，对于小人，任何优良的制度的威力都将大打折扣。

德胜公司的合格员工应该努力使自己变成君子。

从这些内容当中，我们会知道，《德胜员工守则》一直强调的是，人要先学会做一个君子，只有君子才会习惯性地遵守制度，小人是不喜欢遵守制度的。

我们来看一下它其中比较经典的具体条例。

德胜公司强调，要把诚实、勤劳、能力、学历作为考核的标准，但它们的顺序一定不要搞错。所以你看，学历是被放在最后的，诚实是被放在第一位的。

德胜公司还有一条规矩，35岁以下的人，不管你是什么学历，都得从打扫卫生开始干。通过打扫卫生就可以发现，许多人其实连玻璃都擦不干净。把每一个细节做好，把每件事情做到位，真的是很不容易的。这条制度其实是在引导大家沉下去，踏踏实实把每个环节做好，那风险不就自然被控制住了吗？

这本书里还有一句特别有趣的话，今天无论你是杨振宁也好、李政道也好，无论你是陈逸飞也好、张艺谋也好，只要你在德胜公司工作，你每天早上都一定要默念这句话："我实在没什么大的本事，我只有认真做事的精神。"这句话就是最强的洗脑制度。当你天天念这句话，念上1年、2年，念上3年、5年、10年，你会发现你最后只会干活了。

你踏踏实实把每个细节都做好了，那么结果自然就呈现了，公司的报表不就自然好看了吗？所以你看，德胜公司的制度写得真的是非常好，很懂人性。

那么在财务上德胜公司又是如何控制风险的呢？德胜公司规定，任何人在报销前都必须认真聆听财务人员宣读《严肃提示：报销前的声明》："你现在所报销的凭据必须真实，即符合财务报销规则，否则它将成为你欺诈违规甚至违法的证据，你必将受到严厉的惩罚，并付出相应的代价，这个污点将伴随你一生。如果你因记忆模糊，自己不能够确认报销凭据的真实性，请再一次认真回忆并确认凭据无误，然后开始报销，这是极其严肃的问题。"所以你看，德胜公司的风险控制是对员工的心理施加潜移默化的影响，再以制度作为保障进行的。

那么我们接着来看管理层顶岗制度。很多企业的高层对基层不太了解，就会造成决策性的失误，为了解决这个问题，德胜公司就搞了一个管理层顶岗制度。什么是顶岗制度？就是这一天，作为管理层的我，将工作委托给助手，自己只做一个小兵，完成小兵的工作，到第二天才恢复职务。德胜公司认为，管理层不顶岗，自己的管理水平就会退步。顶岗是德胜公司在管理上很独特的地方，这是个十分接地气的办法，如果管理不接地气，上层就是摇摇欲坠的。

此外，德胜公司的老板是一个特别好的人。我们知道，如果一个人受工伤死亡，公司大概要赔 50 万元左右。但德胜公司的老板为了救这个人花了400多万元，而且到现在还在给员工的母亲发钱。有些人问他："你白白花了那么多钱是为什么啊？"他回答说："其实我只不过是花了一点小钱，却收买了人心。你要知道公司最重要的是什么？是人心。员工会觉得，老板有多少钱跟我没半毛关系，重要的是，老板在我身上花了多少钱。"所以说，公司做事情是给留下的人看的，只要人的心不在这儿，他的工作就做不好。所以这个老板是非常厉害的心理学高手，他花了几百万元就让所有的员工死心塌地、感恩戴德，崇敬自己的老板，让每个人都有尊严地工作。

德胜公司还有一些比较人道的规定：员工生病的时候不能工作，生病了要休息，如果你生病还在工作，被发现了就要被罚款；你犯错误了，但只要主动承认，就会得到奖励——所以你看，如果巴林银行有主动承认错误就会获得奖励的制度，就不会倒闭了；强制你休息，休息期间可以正常领取补助，但你在休息时只能看书睡觉，不能出去吃喝玩乐……

对一家企业来说，制度是为了解决问题而存在的。制度不要多，多了没用，因为很多员工记都记不住，更谈不上用了。你想给员工什么，你就定怎样的制度。你想从员工身上得到什么，你就定怎样的制度。你想用什么样的方式去解决企业的问题，你就定怎样的制度。说白了，制度其实是管理者和员工之间的一场博弈，在制度公平合理以及有效的前提下，大家就可以照着这个规则一直玩下去。所以管理的高手是什么样的人？是制定游戏规则的人。

　　到这里这本书就结束了，我一共讲了 6 个模块，构建了一套知识体系，希望大家能够在学习的过程当中不断思考和总结。我相信，这本书能够帮助你的企业，祝你的企业基业长青。